JN079363

2024年度版

医事コンピュータ技能検定

問題集**3**級 ② 第53回～56回

「医療事務」
「実技(オペレーション)」

CONTENTS

本書で学ばれる皆さんへ

　今や医学・医療においても他の分野と同様に、コンピュータなしでは成り立たない現状であることは多くの方々が認識されていることと思います。

　医療事務においても同様であり、現在では病院はもちろん、ほとんどのクリニックにまで医事コンピュータが導入されています。

　つまり、医療事務の知識とコンピュータに関する知識および医事コンピュータを操作する技能なくしては、もはや医療関連機関に勤務することは不可能に近い、ということが言えます。

　医療機関では、即戦力が求められることがよくありますが、まさに医事コンピュータ技能はその最たるものではないでしょうか。

「医事コンピュータ技能検定試験」は、このようなニーズに応える、医事コンピュータについての関連知識と操作技能を証明する資格認定試験で、平成8年から医療秘書教育全国協議会により実施されています。

　試験領域は3つに分かれ、領域Ⅰ. 医療事務知識、領域Ⅱ. コンピュータ関連知識、領域Ⅲ. 実技（オペレーション）の実技テストを60分で実施しています。

　本書は、過去に出題された問題に詳しい解説を加えたもので、教育機関においてのテキストとしてのみならず、自習用としても適していますので、ぜひ本書をもとに効率良く勉強され、一日も早く合格し医療関連機関で活躍されることを期待します。

　また、姉妹検定である「医療秘書技能検定」と併せて取得すれば、活躍の場は、さらに広がるものと確信しています。

一般社団法人
医療秘書教育全国協議会 前会長
日野原重明

| 試 験 日 | 毎年、6月・11月に実施します。 |

実 施 級　準1・2・3級

試 験 時 間
●実施要項により、会場によって異なります。
※受験票にて、お知らせします。
●試験は次の要領で行います。

問題①	領域Ⅰ「医療事務」	30分
問題②	領域Ⅱ「コンピュータ関連知識」	30分
問題③	領域Ⅲ「実技(オペレーション)」	60分

（注意）
・問題①の「医療事務」と、問題③「実技（オペレーション）」の試験のみ、ノート・参考書の持ち込みは自由です。
・試験会場内への携帯電話、電子通信機器のスイッチはOFFに。時計代わりの使用もできません。
・解答はマークシート方式ですので、HBかBの鉛筆と消しゴムを必ずご持参ください。

試 験 場
一般受験者は、受験願書に添付されている会場一覧の中から、希望する会場を選び、受験願書の試験会場の欄に記入してください。但し、希望どおりにいかない場合があります。（受験会場の使用ソフトを確認してください）

受 験 手 続
●受験資格／どなたでも受験できます。
●試験料／準1級6,300円（会員校）8,600円（一般）
　　　　　2級5,300円（会員校）7,500円（一般）
　　　　　3級4,300円（会員校）6,400円（一般）
　　　併願　2・3級　会員校　8,600円　一般 13,900円
　　　併願　準1・2級　会員校 10,600円　一般 16,100円
　　　（納入された受験料の返金はしかねます）
●申込期間／試験日の2か月前から約1か月前までです。
●申込方法／（一般申込の場合）「受験料」を振込後、「受験願書」を、
　　　　　　　下記まで申し込み期間内に必着で送付してください。

受験料振込口座
三井住友銀行　西葛西支店（普）No.1319022
一般社団法人　医療秘書教育全国協議会
願書送付先
〒171-0014 東京都豊島区池袋2-65-18 池袋WESTビル
医療秘書教育全国協議会　第2分室（電話03-3983-8032）

受験票の交付
願書の処理後、試験日の2週間前くらいにお送りします。

合否通知
合否通知は試験日の約1か月半後にお送りします。

合格基準
配点は、領域Ⅰ60点、領域Ⅱ60点、領域Ⅲの60点で180点満点とします。
領域Ⅰ、領域Ⅱ、領域Ⅲ、ともに60％以上正解のとき合格となります。

3級

程　度	領　域	内　容
医療事務及び医事コンピュータについての基礎的な知識を有し、カルテ及び診療伝票を基に医事コンピュータを用いて正しいレセプトを作成することができる。	Ⅰ 医療事務	①医療保険制度の概要及び診療報酬制度のシステムについて知識がある。 ②被保険者証その他の受診資格証の種別・患者負担金等を理解している。 ③診療報酬点数表の各部の通則・告示・通達の基本的な知識がある。 ④外来診療（在宅医療を含む）に関わる点数算定についての正しい知識がある。 ⑤「厚生労働大臣が定める基準等について」に関する基本的な知識がある。 ⑥「診療報酬請求書・明細書の記載要領について」の外来診療に関する項目の記載を理解している。
	Ⅱ コンピュータ関連知識	①コンピュータの内部処理（情報表現）を理解している。 ②コンピュータの五大装置と機能を理解している。 ③周辺装置の種類と特徴を理解している。 ④インターフェースの種類と特徴を理解している。 ⑤ソフトウェアの種類と特徴を理解している。 ⑥オペレーティングシステムの種類と特徴を理解している。 ⑦アプリケーションソフト（ワープロ）の基本操作を理解している。
	Ⅲ 実技（オペレーション）	①医事コンピュータを使用して、簡単な算定要件を付加した、平均的な外来診療例のカルテ及び伝票から、レセプトを作成することができる。 ②合計点数から保険の負担区分により、一部負担金を計算できる。

2級

程　度	領　域	内　容
医療事務及び医事コンピュータについての一般的な知識を有し、カルテ及び診療伝票を基に医事コンピュータを用いて正しいレセプトを速やかに作成することができる。	Ⅰ 医療事務	①社会保険各法及び公費負担各法等の内容について相当の知識がある。 ②診療報酬点数表の各部の通則・告示・通達の相当の知識がある。 ③複雑な外来診療に関わる点数算定についての正しい知識がある。 ④入院診療に関わる点数算定についての正しい知識がある。 ⑤「厚生労働大臣が定める基準等について」に関する相当な知識がある。 ⑥「診療報酬請求書・明細書の記載要領について」の多岐の項目についての記載を理解している。 ⑦診断群分類包括支払制度（DPC）について基礎的な知識がある。
	Ⅱ コンピュータ関連知識	①コンピュータの処理形態とネットワークの概要を理解している。 ②インターネットの概要と活用方法を理解している。 ③アプリケーションソフト（表計算）の基本操作を理解している。 ④データベースの概要を理解している。 ⑤基本的なファイルの種類と保存形式を理解している。 ⑥保健医療情報システムの概要を理解している。
	Ⅲ 実技（オペレーション）	①医事コンピュータを使用して、やや複雑な算定要件、施設基準を付加した、平均的な外来診療例、入院診療例のカルテ及び伝票からレセプトを作成することができる。 ②コンピュータの特徴をつかみ、誤りの発生する個所を理解できる。 ③合計点数から保険の負担区分により一部負担金を計算できる。

準1級

程　度	領　域	内　　容
医療事務及び医事コンピュータに関する専門的な知識を有し、やや複雑多岐な業務を遂行することができる。併せてDPC制度全般についての正しい理解と深い知識を有し、やや複雑なカルテより、専用ソフトを用いて、DPCレセプトが作成できる。	Ⅰ医療事務	①社会保険各法及び公費負担各法等の内容について実務上の幅広い知識がある。 ②診療報酬点数表の各部の通則・告示・通達の深い知識がある。 ③広い範囲の医療行為が行われている症例の複雑な点数算定について正しい知識がある。 ④「厚生労働大臣が定める基準等について」に関する深い知識がある。 ⑤「診療報酬請求書・明細書の記載要領について」の請求書及び明細書の細部まで理解し、レセプト記載やシステムの誤りを指摘することができる。 ⑥審査機関に関する知識を有し、返戻・減点レセプトに関する正しい対応ができる。 ⑦診断群分類別包括支払制度（DPC）について多岐にわたる知識がある。
	Ⅱコンピュータ関連知識	①ネットワークとサーバの機能を理解している。 ②セキュリティに関するリスクと対策を理解している。 ③個人情報と権利の保護について概要を理解している。 ④医療情報に関する国の施策を理解している。 ⑤医療情報の標準化を理解している。 ⑥電子カルテシステムの法制度と基本操作を理解している。
	Ⅲ 実技(オペレーション)	①DPC制度を理解している。 ②医療機関別係数の体系を理解している。 ③DPCコーディングについて正しく理解している。 ④DPCにおける算定ルールについて正しく理解している。 ⑤①〜④を踏まえ正確なDPCレセプトを作成できる。

医事コンピュータ技能検定
問題集 3級② 第53回～56回

「医療事務」
「実技（オペレーション）」

問題編

第53回～第56回の検定試験に出題されたカルテ・伝票の診療年月にかかわりなく、解説はすべて2024年6月1日現在の点数表と薬価基準により行われています。

第 53 回(2022 年 6 月 11 日実施)

医事コンピュータ技能検定試験
3級

試験問題①

「医療事務」　試験時間　30分

（注意）

- ・解答は正しいものを1つだけ選び、マークシート①の該当番号の○の箇所を塗りつぶすこと。

- ・マークシート①は、引続き試験問題②に使用すること。（試験問題①と②に共通）

- ・HBかBのエンピツまたはシャープペンシルを使用のこと。

- ・試験問題①「医療事務」は、参考書等の持ち込みは自由です。

一般社団法人
医療秘書教育全国協議会

【医療事務】

○次の各質問について、正しい答えを①～③の中から選び、その番号のマーク欄を塗りつぶしなさい。

1．次の医療保険制度に関する文章のうち、適切なものを選びなさい。

[1] ① 後期高齢者医療制度の対象者は、75歳以上の人のみである。

② 国民健康保険組合は、同種の事業または業務に従事する者300人以上で組織される法人で、都道府県知事の認可を受けて設立することができる。

③ 病院・診療所が保険診療を行うには、保険医療機関として都道府県知事から指定を受けなければならない。

2．次の患者負担金の徴収に関する文章のうち、適切なものを選びなさい。

[2] ① 6歳の誕生日の日から一部負担金割合は3割である。

② 75歳以上の後期高齢者の一部負担金割合は原則1割（現役並み所得者とその扶養者は3割）である。

③ 国民健康保険被保険者資格証明書を提示した患者の窓口負担割合は3割である。

3．次の医療保険と法別番号の組み合わせのうち、適切なものを選びなさい。

[3] ① 雇用期間26日未満の日雇労働者 04

② 航空自衛隊の自衛官の被扶養者 07

③ 70歳の被保険者 39

4．次の特定疾患療養管理料に関する文章について、空欄に適切なものを選びなさい。

　　特定疾患療養管理料は、初診料を算定する初診の日に行った管理又は当該初診の日から（ [4] ）に行った管理の費用は、初診料に含まれるものとする。初診料を算定した初診の日又は当該保険医療機関から退院した日からそれぞれ起算して（ [5] ）を経過した日が（ [6] ）の1日となる場合であって、初診料を算定した初診の日又は退院の日が属する月の（ [7] ）の末日（その末日が休日の場合はその前日）に特定疾患療養管理料に規定する疾患を主病とする患者に対して治療計画に基づき療養上必要な管理を行った場合には、本管理料の性格に鑑み、その日に特定疾患療養管理料を算定できる。

[4]	① 1月前	② 1月以内	③ 1月後
[5]	① 1か月	② 2か月	③ 3か月
[6]	① 当月	② 翌月	③ 翌々月
[7]	① 当月	② 翌月	③ 翌々月

5．次の処置料に関する文章のうち、適切なものを選びなさい。

| 8 | ① 第1度熱傷の熱傷処置に使用した薬剤は算定できない。

② 同一部位に対して、創傷処置と皮膚科軟膏処置を行った場合はいずれか1つの算定となる。

③ 創傷処置（500 ㎠以上3000 ㎠未満）を休日に行った場合、休日加算1を算定する。

6．次の投薬料に関する文章のうち、適切なものを選びなさい。

| 9 | ① トローチは屯服薬として算定する。

② 治療を目的とする場合であっても、うがい薬のみ投与した場合は算定できない。

③ 外来患者に対し医師が必要性があると判断し、やむを得ず63枚を超えて貼付剤を投薬する場合は、その理由を処方箋及び診療報酬明細書に記載することで算定可能とする。

7．次の薬剤と疾患の組み合わせのうち、特定薬剤治療管理料の対象として、適切なものを選びなさい。

| 10 | ① テオフィリン製剤　　－　　不整脈

② ジギタリス製剤　　　－　　心不全

③ リチウム製剤　　　　－　　統合失調症

8．次の診療所における再診時の診療内容のうち、外来管理加算が算定できる組み合わせはどれか、適切なものを選びなさい。

| 11 | ① マッサージ　＋　介達牽引　＋　トリガーポイント注射

② 胸部X－P撮影　＋　静脈内注射　＋　院外処方箋交付

③ 心電図検査12誘導　＋　超音波検査　＋　筋肉内注射

9．次のニコチン依存症管理料の施設基準に関する文章について、空欄に適切なものを選びなさい。

　　禁煙治療の経験を有する医師が（　12　）名以上勤務している。なお、当該医師の診療科を問わない。禁煙治療に係る（　13　）の看護師又は（　14　）を（　12　）名以上配置している。

| 12 | ① 2　　　　② 3　　　　③ 1
| 13 | ① 専従　　　② 専任　　　③ 兼任
| 14 | ① 保健師　　② 薬剤師　　③ 准看護師

10. 次の抗悪性腫瘍剤処方管理加算の施設基準に関する文章のうち、適切なものを選びなさい。

15 ① 一般病床数が 200 床以上の病院である。

② 化学療法の経験を 5 年以上有する専任の常勤医師が 2 名以上勤務している。

③ 届出には、施設基準に掲げる医師の経験が確認できる文書を添付する。

11. 次の保険医療機関及び保険医療養担当規則に関する文章のうち、適切なものを選びなさい。

16 ① 処方箋の使用期間は、交付の翌日から 4 日以内である。

② 患者の家庭事情により退院が困難であると認められた場合、保険医療機関はその旨を全国健康保険協会または当該健康保険組合に通知しなければならない。

③ 健康診断は、療養の給付の対象として行ってもよい。

12. 次の疾患のうち、脳血管疾患等リハビリテーション料の対象患者として、適切なものを選びなさい。

17 ① パーキンソン病の患者

② 慢性閉塞性肺疾患の患者

③ 心筋梗塞の患者

13. 次の疾患名のうち、特定疾患療養管理料の対象となる疾患として適切なものを選びなさい。

18 ① 胃がん

② 尋常性乾癬

③ 貧血

14. 次の院内トリアージ実施料の施設基準に関する文章のうち、適切なものを選びなさい。

19 ① 患者に対して、院内トリアージの実施について説明を行い、院内の見やすい場所への掲示等により周知を行っている。

② 専任の医師又は救急医療に関する 5 年以上の経験を有する専任の看護師が配置されている。

③ 夜間休日診療所のみが届出可能である。

15. 次の診療報酬明細書における処置の記載要領に関する文章のうち、適切なものを選びなさい。

20 ① 対称器官の両側に対し処置を行った場合は、全て左右側にそれぞれ処置名と回数及び点数を記載する。

② 時間外加算、休日加算、深夜加算又は時間外加算の特例を算定した場合は、加算して得た点数を「点数」欄に、「摘要」欄に名称を記載する。

③ 処置の新生児・乳児・乳幼児（6 歳未満）加算を算定した場合は、加算して得た点数を「点数」欄に記載し、「摘要」欄への名称の記載は必要ない。

3級 第53回 医事コンピュータ技能検定試験答案用紙①

学校名 （出身校）		在学（　）年生 既卒

フリガナ		
受験者氏名	（姓）	（名）

受験番号
（最後に番号とマークをもう一度確認すること）

番号を記入しマークしてください。

① ① ① ① ① ① ①
② ② ② ② ② ② ②
③ ③ ③ ③ ③ ③ ③
④ ④ ④ ④ ④ ④ ④
⑤ ⑤ ⑤ ⑤ ⑤ ⑤ ⑤
⑥ ⑥ ⑥ ⑥ ⑥ ⑥ ⑥
⑦ ⑦ ⑦ ⑦ ⑦ ⑦ ⑦
⑧ ⑧ ⑧ ⑧ ⑧ ⑧ ⑧
⑨ ⑨ ⑨ ⑨ ⑨ ⑨ ⑨
⓪ ⓪ ⓪ ⓪ ⓪ ⓪ ⓪

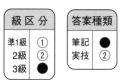

級区分		答案種類	
準1級	①	筆記	●
2級	②	実技	②
3級	●		

（問1つに対し、2つ以上のマークをすると不正解となります。）

問	解答欄	問	解答欄
1	① ② ③	26	① ② ③
2	① ② ③	27	① ② ③
3	① ② ③	28	① ② ③
4	① ② ③	29	① ② ③
5	① ② ③	30	① ② ③
6	① ② ③	31	① ② ③
7	① ② ③	32	① ② ③
8	① ② ③	33	① ② ③
9	① ② ③	34	① ② ③
10	① ② ③	35	① ② ③
11	① ② ③	36	① ② ③
12	① ② ③	37	① ② ③
13	① ② ③	38	① ② ③
14	① ② ③	39	① ② ③
15	① ② ③	40	① ② ③
16	① ② ③	41	① ② ③
17	① ② ③	42	① ② ③
18	① ② ③	43	① ② ③
19	① ② ③	44	① ② ③
20	① ② ③	45	① ② ③
21	① ② ③	46	① ② ③
22	① ② ③	47	① ② ③
23	① ② ③	48	① ② ③
24	① ② ③	49	① ② ③
25	① ② ③	50	① ② ③

MEMO

第 54 回(2022 年 11 月 12 日実施)

医事コンピュータ技能検定試験
3級

試験問題①

「医療事務」 試験時間 30分

（注意）

・解答は正しいものを1つだけ選び、マークシート①の該当番号の○の箇所を塗りつぶすこと。

・マークシート①は、引続き試験問題②に使用すること。（試験問題①と②に共通）

・HBかBのエンピツまたはシャープペンシルを使用のこと。

・試験問題①「医療事務」は、参考書等の持ち込みは自由です。

一般社団法人
医療秘書教育全国協議会

【医療事務】

○次の各質問について、正しい答えを①～③の中から選び、その番号のマーク欄を塗りつぶ
しなさい。

1．次の診療報酬制度に関する文章のうち、適切なものを選びなさい。

　☐1　① 診療報酬は、内閣総理大臣が中央社会保険医療協議会に諮問し、その意見を聞いて決
　　　　　定する。

　　　　② 後期高齢者医療のレセプトは、国民健康保険団体連合会へ提出する。

　　　　③ 国民健康保険のレセプトは、社会保険支払基金に提出する。

2．次の患者負担に関する文章のうち、適切なものを選びなさい。

　☐2　① 78歳の現役並み所得者が受診した場合は、2割負担である。

　　　　② 一部負担金で10円未満の端数は、五捨五超入し、10円単位で徴収する。

　　　　③ 4歳の患者が受診した場合は、被用者保険、国民健康保険いずれも2割負担である。

3．次の処置に関する算定のうち、適切なものを選びなさい。

　☐3　① 鼻処置と口腔、咽頭処置（病院　入院）　－　16点

　　　　② 介達牽引と湿布処置（病院　外来）　－　70点

　　　　③ 右上肢のギプス包帯をギプスシャーレとして切割使用（病院　外来）－ 240点

4．次のニコチン依存管理料に関する文章について、空欄に適切なものを選びなさい。

　　　　ニコチン依存管理料は、初回の当該管理料を算定した日から起算して（　☐4　）にわた
　　　り計（　☐5　）の禁煙治療を行った場合に算定する。ニコチン依存管理料は、初回算定日
　　　より起算して（　☐6　）を超えた日からでなければ、再度算定することはできない。

　☐4　① 10週間　　② 11週間　　③ 12週間

　☐5　① 5回　　　② 10回　　　③ 15回

　☐6　① 半年　　　② 1年　　　③ 2年

5．次の精神科専門療法に関する文章のうち、適切なものを選びなさい。

　☐7　① 算定回数が「週」単位又は「月」単位とされているものについては、特に定めのない
　　　　　限り、それぞれ月曜日から日曜日までの1週間又は月の初日から月の末日までの1ヶ
　　　　　月を単位としている。

　　　　② 精神科専門療法料は、特に規定する場合を除き、精神科を標榜する保険医療機関にお
　　　　　いて算定する。

　　　　③ アルツハイマー病は、精神科専門療法の「精神疾患」に該当する疾病ではない。

6．次の初・再診料に関する文章のうち、適切なものを選びなさい。

　　8　① 初診時に行った検査の結果のみを聞きに来た場合は、再診料を算定する。

　　　　② 2 以上の傷病に罹っている患者について、それぞれの傷病につき同時に初診を行った
　　　　　場合においても、初診料は 1 回に限り算定する。

　　　　③ 再診料は、診療所または一般病床の病床数が 400 床未満の病院において、再診の都度
　　　　　算定できる。

7．次の特定疾患処方管理加算に関する文章のうち、適切なものを選びなさい。

　　9　① 加算 1（18 点）は、特定疾患を主病とする患者の主病以外に対する投薬についても算
　　　　　定できる。

　　　　② 初診料を算定した初診の日においては算定できない。

　　　　③ 同一月に加算 1（18 点）と加算 2（66 点）の併算定ができる。

8．次の医学管理等の項目のうち、特定疾患療養管理料と同一月に算定可能なものとして適切な
　　ものを選びなさい。

　　10　① 小児特定疾患カウンセリング料

　　　　② てんかん指導料

　　　　③ 特定薬剤治療管理料

9．次の検査項目のうち、3 月に 1 回に限り算定できるものを選びなさい。

　　11　① アルブミン定量（尿）

　　　　② α フェトプロテイン（AFP）

　　　　③ PIVKA‐Ⅱ定量

10．次の対称器官に係る処置料の算定のうち、両側の器官（同一疾患である場合を除く）の算定
　　点数として適切なものを選びなさい。

　　12　① 眼処置　25 点

　　　　② 鼓室処置　62 点

　　　　③ 関節穿刺　120 点

11．次の病理診断に関する文章について、空欄に適切なものを選びなさい。

　　　　病理組織標本作製「1」の「組織切片によるもの」について、（　13　）については、
　　それぞれの臓器を 1 臓器として算定する。また、病理標本作製に当たって、4 以上の標本作
　　製を行った場合は、（　14　）を限度として算定する。リンパ節については、所属リンパ
　　節ごとに（　15　）臓器として数える。

　　13　① 食道及び胃　　② 胃及び十二指腸　　③ 子宮体部及び子宮頸部
　　14　① 1 臓器　　　　② 2 臓器　　　　　　③ 3 臓器
　　15　① 1 臓器　　　　② 2 臓器　　　　　　③ 3 臓器

17

12. 次の検査と施設基準の組み合わせのうち、適切なものを選びなさい。

[16] ① 検体検査管理加算（Ⅰ）－S-M(その他)の緊急検査は自院内で実施していない。

② 検体検査管理加算（Ⅱ）－臨床検査を担当する非常勤の医師が1名配置されている。

③ 検体検査管理加算（Ⅲ）－院内検査に用いる検査機器及び全試薬を自院で準備している。

13. 次の初診料及び再診料の外来感染対策向上加算の施設基準に関する文章のうち、適切なものを選びなさい。

[17] ① 病院である。

② 院内感染管理者により、職員を対象として、少なくとも年1回程度、定期的に院内感染対策に関する研修を行う。

③ 院内感染管理者により、1週間に1回程度、定期的に院内を巡回し、院内感染事例の把握を行うとともに、院内感染防止対策の実施状況の把握・指導を行う。

14. 次の脳波検査判断料1の施設基準に関する文章のうち、適切なものを選びなさい。

[18] ① 脳波診断に係る診療の経験を5年以上有する非常勤医師が1名以上配置されている。

② てんかんに係る診療を行うにつき十分な体制が整備されている。

③ CT装置を有している。

15. 次の糖尿病透析予防指導管理料に関する文章のうち、適切なものを選びなさい。

[19] ① 透析予防診療チームの医師は、糖尿病及び糖尿病性腎症の予防指導に従事した経験を2年以上有する者であること

② 透析予防診療チームの看護師は、糖尿病及び糖尿病性腎症の予防指導に従事した経験を3年以上有する者であること

③ 透析予防診療チームの管理栄養士は、糖尿病及び糖尿病性腎症の栄養指導に従事した経験を5年以上有する者であること

16. 次の在宅医療の項目と診療報酬請求書・明細書の記載要領の組み合わせのうち、適切なものを選びなさい。

[20] ① 在宅自己注射指導管理料 － 薬剤の総点数、所定単位当たりの薬剤名、支給日数

② 在宅酸素療法指導管理料 － 当該月の動脈血酸素分圧及び動脈血酸素飽和度

③ 在宅半固形栄養経管栄養法指導管理料 － 胃瘻造設年月日及び直近の算定年月日

③級 第54回 医事コンピュータ技能検定試験答案用紙①

学校名 (出身校)		在学（　）年生 既卒

フリガナ		
受験者氏名	(姓)	(名)

受 験 番 号
（最後に番号とマークをもう一度確認すること）

番号を記入しマークしてください。

① ① ① ① ① ① ①
② ② ② ② ② ② ②
③ ③ ③ ③ ③ ③ ③
④ ④ ④ ④ ④ ④ ④
⑤ ⑤ ⑤ ⑤ ⑤ ⑤ ⑤
⑥ ⑥ ⑥ ⑥ ⑥ ⑥ ⑥
⑦ ⑦ ⑦ ⑦ ⑦ ⑦ ⑦
⑧ ⑧ ⑧ ⑧ ⑧ ⑧ ⑧
⑨ ⑨ ⑨ ⑨ ⑨ ⑨ ⑨
⓪ ⓪ ⓪ ⓪ ⓪ ⓪ ⓪

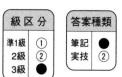

級 区 分	答案種類
準1級 ①	筆記 ●
2級 ②	実技 ②
3級 ●	

（問1つに対し、2つ以上のマークをすると不正解となります。）

問	解 答 欄	問	解 答 欄
1	① ② ③	26	① ② ③
2	① ② ③	27	① ② ③
3	① ② ③	28	① ② ③
4	① ② ③	29	① ② ③
5	① ② ③	30	① ② ③
6	① ② ③	31	① ② ③
7	① ② ③	32	① ② ③
8	① ② ③	33	① ② ③
9	① ② ③	34	① ② ③
10	① ② ③	35	① ② ③
11	① ② ③	36	① ② ③
12	① ② ③	37	① ② ③
13	① ② ③	38	① ② ③
14	① ② ③	39	① ② ③
15	① ② ③	40	① ② ③
16	① ② ③	41	① ② ③
17	① ② ③	42	① ② ③
18	① ② ③	43	① ② ③
19	① ② ③	44	① ② ③
20	① ② ③	45	① ② ③
21	① ② ③	46	① ② ③
22	① ② ③	47	① ② ③
23	① ② ③	48	① ② ③
24	① ② ③	49	① ② ③
25	① ② ③	50	① ② ③

MEMO

第 55 回(2023 年 6 月 17 日実施)

医事コンピュータ技能検定試験
3級

試験問題①
「医療事務」　試験時間　30分

(注意)

・解答は正しいものを1つだけ選び、マークシート①の該当番号の○の箇所を塗りつぶすこと。

・マークシート①は、引続き試験問題②に使用すること。　(試験問題①と②に共通)

・HBかBのエンピツまたはシャープペンシルを使用のこと。

・試験問題①「医療事務」は、参考書等の持ち込みは自由です。

一般社団法人
医療秘書教育全国協議会

【医療事務】

〇次の各質問について、正しい答えを①〜③の中から選び、その番号のマーク欄を塗りつぶしなさい。

1．次の保険医療機関・保険医等の文章のうち、適切なものを選びなさい。

  1 ① 保険医療機関で保険診療を行う医師・歯科医師は「保険医」として、厚生労働大臣に申請し登録を受けなければならない。

  ② 保険医療機関・保険薬局は、指定の日から起算して5年を経過したときにその効力を失う。

  ③ 保険診療の質的向上と適正化を目的として、保険医療機関は療養の給付に関し、保険医は健康保険の診療に関し、都道府県知事の指導を受けなければならない。

2．次の社会保険の被保険者証に関する法別番号と対象者のうち、適切な組み合わせのものを選びなさい。

  2 ① 法別番号：32 ― 船員・業務外

  ② 法別番号：31 ― 日雇特例被保険者

  ③ 法別番号：31 ― 自衛官の家族

3．次の特定疾患処方管理加算に関する文章について、空欄に適切なものを選びなさい。

  診療所又は許可病床数が200床（ 3 ）の病院である保険医療機関において、入院中の患者以外の患者（別に厚生労働大臣が定める疾患を主病とするものに限る）に対して処方を行なった場合は、特定疾患処方管理加算として、（ 4 ）回に限り、一処方につき（ 5 ）点を所定点数に加算する。

  診療所又は許可病床数が200床（ 3 ）の病院である保険医療機関において、入院中の患者以外の患者（別に厚生労働大臣が定めた患者を主病とするものに限る）に対して薬剤の処方期間が（ 6 ）日の処方を行なった場合は、特定疾患処方管理加算2として、（ 7 ）回に限り、一処方につき（ 8 ）点を所定点数に加算する。ただし、この場合において、同一月に特定疾患処方管理加算1は算定できない。

  3 ① 以上   ② 以下   ③ 未満
  4 ① 月1回   ② 月2回   ③ 月3回
  5 ① 18   ② 56   ③ 66
  6 ① 14   ② 28   ③ 42
  7 ① 月1回   ② 月2回   ③ 月3回
  8 ① 18   ② 66   ③ 42

4．次の精神科専門療法について、精神科を標榜する保険医療機関以外の保険医療機関においても算定できるものとして、適切なものを選びなさい。

9　① 通院・在宅精神療法

　② 精神科ショート・ケア

　③ 標準型精神分析療法

5．次の処置のうち、基本診療料に含まれ別に算定できないものとして、適切なものを選びなさい。

10　① 半肢の大部にわたる範囲の湿布処置

　② 100 ㎠未満の第 1 度熱傷の熱傷処置

　③ 耳垢水等を用いた耳垢塞栓除去

6．次のリハビリテーション料に関する文章のうち、適切なものを選びなさい。

11　① 疾患別リハビリテーション料は、いかなる場合も患者 1 人につき 1 日 6 単位に限り算定できするものとする。

　② 消炎鎮痛等処置のうち、湿布処置を行った場合は、がん患者リハビリテーション料とあわせて算定することはできない。

　③ 慢性疼痛疾患管理料を算定する患者に対して行った疾患別リハビリテーション料の費用は、算定できない。

7．次の往診料に関する文章のうち、適切なものを選びなさい。

12　① 往診に要した交通費は、患家の負担とならない。

　② 往診又は訪問診療を行なった後に、患者又はその家族等が単に薬剤を取りに医療機関に来た場合でも、再診料又は外来診療料は算定できる。

　③ 定期的又は計画的に行われる対診の場合は往診料を算定できない。

8．次の処方箋料に関する文章のうち、適切なものを選びなさい。

13　① 薬剤の一般名称を記載する処方箋を交付し、交付した処方箋に含まれる医薬品 3 品目のうち 1 品目が一般名処方された医薬品であったので、一般名処方管理加算として 8 点を加算した。

　② 診療所で、厚生労働大臣の定めた疾患を主病とする外来患者に対して処方箋（投薬日数 28 日）を交付したので、特定疾患処方管理加算 1 を算定した。

　③ 同一患者に 1 度に 2 枚の処方箋交付を行ったので、処方箋料を 2 回算定した。

9. 次の点数のうち、診療所における初診料の算定として、適切なものを選びなさい。

診療時間　9:00～18:00 休診日：火曜、日曜、祝日　届出等：なし

| 14 | ① 70歳の患者を火曜日の15時に診察した場合 291点

② 35歳の患者を日曜日の23時に診察した場合 771点

③ 5歳の患者を土曜日の19時に診察した場合　376点

10. 次の画像診断に関する文章のうち、適切なものを選びなさい。

| 15 | ① 肩関節の単純撮影を行った場合、診断料は「1」の「ロ・その他」の43点を算定する。

② 透視診断は、手術の補助手段として行った場合には算定できない。

③ 他の保険医療機関で撮影したMRI撮影のフィルムの診断を行った場合、コンピューター断層診断料を月1回に限り算定できる。

11. 次の持続血糖測定器加算に関する文章のうち、適切なものを選びなさい。

持続血糖測定器加算のうち、間歇注入シリンジポンプと連動する持続血糖測定器を用いる場合は、糖尿病の治療に関し、専門の知識及び少なくとも（　16　）年以上の経験を有する（　17　）の医師が（　18　）名以上配置されていること。

| 16 | ① 1　　　② 3　　　③ 5
| 17 | ① 専任　　② 専従　　③ 常勤
| 18 | ① 1　　　② 3　　　③ 5

12. 次の地域連携夜間・休日診療料の施設基準に関する文章のうち、適切なものを選びなさい。

| 19 | ① 夜間、休日又は深夜に診療を担当する医師として2名以上届け出る。

② 当該保険医療機関において、末梢血液一般検査、心電図検査を含む必要な診療が常時実施できる体制をとっている。

③ 緊急時に患者が入院できる体制が確保されている又は他の保険医療機関との連携により緊急時に入院できる体制が整備されている。

13. 次の診療報酬明細書における検査の記載要領に関する文章のうち、適切なものを選びなさい。

| 20 | ① 「摘要」欄に、検査名、点数及び回数を記載する。

② 検査にあたって薬剤を使用した場合は、「点数」欄の薬剤の項に点数を記載し、薬剤名及び使用量については特に「摘要」欄に記載する必要はない。

③ 検体検査判断料を算定した場合には、所定点数のみ「点数」欄に記載する。

③ 級　第55回 医事コンピュータ技能検定試験答案用紙①

学 校 名 (出身校)		在学（　）年生 既卒

フリガナ		
受験者氏名	(姓)	(名)

受 験 番 号
（最後に番号とマークをもう一度確認すること）

番号を記入しマークしてください。

① ① ① ① ① ① ①
② ② ② ② ② ② ②
③ ③ ③ ③ ③ ③ ③
④ ④ ④ ④ ④ ④ ④
⑤ ⑤ ⑤ ⑤ ⑤ ⑤ ⑤
⑥ ⑥ ⑥ ⑥ ⑥ ⑥ ⑥
⑦ ⑦ ⑦ ⑦ ⑦ ⑦ ⑦
⑧ ⑧ ⑧ ⑧ ⑧ ⑧ ⑧
⑨ ⑨ ⑨ ⑨ ⑨ ⑨ ⑨
⑩ ⑩ ⑩ ⑩ ⑩ ⑩ ⑩

級 区 分	
準1級	①
2級	②
3級	●

答案種類	
筆記	●
実技	②

（問1つに対し、2つ以上のマークをすると不正解となります。）

問	解 答 欄	問	解 答 欄
1	① ② ③	26	① ② ③
2	① ② ③	27	① ② ③
3	① ② ③	28	① ② ③
4	① ② ③	29	① ② ③
5	① ② ③	30	① ② ③
6	① ② ③	31	① ② ③
7	① ② ③	32	① ② ③
8	① ② ③	33	① ② ③
9	① ② ③	34	① ② ③
10	① ② ③	35	① ② ③
11	① ② ③	36	① ② ③
12	① ② ③	37	① ② ③
13	① ② ③	38	① ② ③
14	① ② ③	39	① ② ③
15	① ② ③	40	① ② ③
16	① ② ③	41	① ② ③
17	① ② ③	42	① ② ③
18	① ② ③	43	① ② ③
19	① ② ③	44	① ② ③
20	① ② ③	45	① ② ③
21	① ② ③	46	① ② ③
22	① ② ③	47	① ② ③
23	① ② ③	48	① ② ③
24	① ② ③	49	① ② ③
25	① ② ③	50	① ② ③

MEMO

第 56 回(2023 年 11 月 18 日実施)

医事コンピュータ技能検定試験
3級

試験問題①

「医療事務」　試験時間　30分

（注意）

・解答は正しいものを1つだけ選び、マークシート①の該当番号の○の箇所を塗りつぶすこと。

・マークシート①は、引続き試験問題②に使用すること。　（試験問題①と②に共通）

・HBかBのエンピツまたはシャープペンシルを使用のこと。

・試験問題①「医療事務」は、参考書等の持ち込みは自由です。

一般社団法人
医療秘書教育全国協議会

【医療事務】

〇次の各質問について、正しい答えを①～③の中から選び、その番号のマーク欄を塗りつぶしなさい。

1. 次の診療報酬制度に関する文章のうち、適切なものを選びなさい。
   1 ① 診療報酬点数は、各都道府県で定めている。
   ② 診療報酬の請求は、保険者の所在地にかかわらず、保険医療機関の所在する都道府県の審査支払機関に対して行う。
   ③ 診療報酬の請求は、治療開始から治癒もしくは中止までの診療内容全てを 1 枚の診療報酬明細書にまとめて記入して請求する。

2. 次の各医療保険の患者と窓口負担の組み合わせのうち、適切なものを選びなさい。
   2 ① 78 歳の患者（後期高齢者医療・現役並み所得者）が 1,213 点の外来診療を受けた場合
   － 3,640 円
   ② 4 歳の患者（国民健康保険・家族）が、1,046 点の外来診療を受けた場合 － 1,050 円
   ③ 45 歳の患者（協会けんぽ・本人）が 455 点の外来診療を受けた場合 － 1,360 円

3. 次の検査に関する文章のうち、適切なものを選びなさい。
   3 ① ＣＡ125 とＣＡ602 の併算定は可能
   ② 尿沈渣（鏡検法）と便の細菌顕微鏡検査（その他）の併算定は可能
   ③ 時間外緊急院内検査加算と外来迅速検体検査加算の併算定は可能

4. 次の注射に関する文章について、空欄に適切なものを選びなさい。
   精密持続点滴注射を行なった場合は、精密持続点滴注射加算として、通則 1・2・3 により算定した点数に、（ **4** ）につき（ **5** ）点を加算する。なお、精密持続点滴注射は、自動輸液ポンプを用いて（ **6** ）の速度で体内（皮下を含む）又は注射回路に薬剤を注入することをいう。
   （ **7** ）に対して精密持続点滴を行う場合は、注入する薬剤の種類にかかわらず算定できる。
   4 ① 1回　　　　　　② 1日　　　　　　　　③ 1週間
   5 ① 60 点　　　　　② 70 点　　　　　　　③ 80 点
   6 ① 30ml/時間 以下　② 30ml/分 以上　　　③ 40ml/時間 以下
   7 ① 1 歳未満の乳児　② 3 歳未満の乳幼児　③ 6 歳未満の乳幼児

5．次の処置に関する文章について、空欄に適切なものを選びなさい。

　　耳鼻咽喉科を標榜する保険医療機関において、耳鼻咽喉科を担当する医師が、（　8　）に対して（　9　）を行なった場合に、耳鼻咽喉科乳幼児処置加算として（　10　）につき（　11　）を所定点数に加算する。

　　| 8 | ① 1 歳未満の乳児 | ② 3 歳未満の乳幼児 | ③ 6 歳未満の乳幼児 |

　　| 9 | ① 鼻涙管ブジー法 | ② 扁桃処置 | ③ 鼻洗浄 |

　　| 10 | ① 1 回 | ② 1 日 | ③ 1 週間 |

　　| 11 | ① 60 点 | ② 70 点 | ③ 80 点 |

6．次の検査料に関する文章のうち、適切なものを選びなさい。

　12 　① 同一日に、尿の細菌顕微鏡検査（その他）と尿沈渣（鏡検法）を併せて実施し、実施料として 67 点を算定した。

　　　② 経胸壁心エコー法とパルスドプラ法を実施し、実施料として 1,030 点を算定した。

　　　③ 総コレステロール、HDL コレステロール、LDL コレステロールを同時に実施し、実施料として 52 点を算定した。

7．次の患者のうち、特定薬剤治療管理料 1 において、4 カ月目以降、所定点数の 100 分の 50 に相当する点数の算定に該当するものとして、適切なものを選びなさい。

　13 　① てんかんの患者であって、抗てんかん剤を投与している患者

　　　② 躁うつ病の患者であって、リチウム製剤を投与している患者

　　　③ 臓器移植後の免疫抑制の患者であって、免疫抑制剤を使用している患者

8．次の医学管理と点数の組み合わせのうち、情報通信機器を用いて行った場合の算定として、適切なものを選びなさい。

　14 　① 特定疾患療養管理料（許可病床数 100 床の病院）　　－　　128 点

　　　② 外来栄養食事指導料 1 （2 回目以降）　　　　　　　－　　235 点

　　　③ 皮膚科特定疾患指導管理料（じんま疹）　　　　　　－　　 87 点

9．次の生体検査のうち、再診時に外来管理加算が算定できないものとして、適切なものを選びなさい。

　15 　① 心電図検査

　　　② 骨塩定量検査

　　　③ 呼吸心拍監視

10. 次の画像診断に関する文章のうち、適切なものを選びなさい。

16 ① 画像診断管理加算1は、放射線科を標榜している病院のみ届出可能である。

② 画像診断管理加算1は、自院以外の保険医療機関以外において読影又は診断を行っていても届出可能である。

③ 画像診断管理加算の1届出医療機関は、画像診断を専ら担当する規定要件の常勤の医師が1名以上配置されている。

11. 次のニコチン依存症管理料に関する文章のうち、適切なものを選びなさい。

17 ① 禁煙治療の経験を有する医師が1名以上勤務している。なお、当該医師の診療科は内科のみとする。

② 禁煙治療に係る専任の看護師又は准看護師を1名以上配置している。

③ ニコチン依存症管理料を算定した患者の指導に関する過去1年間の平均継続回数の計算期間は、前年4月1日から当年3月31日までとし、当該平均継続回数の実績に基づく所定点数の算定は、10月1日より行う。

12. 次のリハビリテーション料のうち、施設基準において保険医療機関に十分な経験を有する専任の常勤医師が1名以上勤務の必要性が設けられているものとして、適切なものを選びなさい。

18 ① 難病患者リハビリテーション料

② 障害児(者)リハビリテーション料

③ 認知症患者リハビリテーション料

13. 次の医学管理等のうち、外来感染対策向上加算が算定できるものとして、適切なものを選びなさい。

19 ① 小児科療養指導料

② 小児科外来診療料

③ 小児特定疾患カウンセリング料

14. 次の診療報酬明細書の記載要領に関する文章のうち、適切なものを選びなさい。

20 ① 小児特定疾患カウンセリング料を算定する場合は、レセプトの摘要欄に第1回目の算定を行った日を記載する。

② 糖尿病透析予防指導管理料を算定する場合は、レセプトの摘要欄にHbA1cの値又は内服薬、インスリン製剤を使用している旨を記載する。

③ 療養費同意書交付料を算定する場合は、レセプトの摘要欄に療養費同意書の交付年月日のみを記載する。

③3級 第56回 医事コンピュータ技能検定試験答案用紙①

学 校 名 (出身校)		在学（　）年生 既卒

フリガナ		
受験者氏名	(姓)	(名)

級 区 分

準1級	①
2級	②
3級	●

答案種類

筆記 実技	● ②

受 験 番 号
（最後に番号とマークをもう一度確認すること）

番号を記入しマークしてください。

①	①	①	①	①	①	①
②	②	②	②	②	②	②
③	③	③	③	③	③	③
④	④	④	④	④	④	④
⑤	⑤	⑤	⑤	⑤	⑤	⑤
⑥	⑥	⑥	⑥	⑥	⑥	⑥
⑦	⑦	⑦	⑦	⑦	⑦	⑦
⑧	⑧	⑧	⑧	⑧	⑧	⑧
⑨	⑨	⑨	⑨	⑨	⑨	⑨
⓪	⓪	⓪	⓪	⓪	⓪	⓪

（問1つに対し、2つ以上のマークをすると不正解となります。）

問	解 答 欄	問	解 答 欄
1	① ② ③	26	① ② ③
2	① ② ③	27	① ② ③
3	① ② ③	28	① ② ③
4	① ② ③	29	① ② ③
5	① ② ③	30	① ② ③
6	① ② ③	31	① ② ③
7	① ② ③	32	① ② ③
8	① ② ③	33	① ② ③
9	① ② ③	34	① ② ③
10	① ② ③	35	① ② ③
11	① ② ③	36	① ② ③
12	① ② ③	37	① ② ③
13	① ② ③	38	① ② ③
14	① ② ③	39	① ② ③
15	① ② ③	40	① ② ③
16	① ② ③	41	① ② ③
17	① ② ③	42	① ② ③
18	① ② ③	43	① ② ③
19	① ② ③	44	① ② ③
20	① ② ③	45	① ② ③
21	① ② ③	46	① ② ③
22	① ② ③	47	① ② ③
23	① ② ③	48	① ② ③
24	① ② ③	49	① ② ③
25	① ② ③	50	① ② ③

MEMO

第53回（2022年6月11日実施）

医事コンピュータ技能検定試験
3級

試験問題③

「実技（オペレーション）」　試験時間　60分

〈1回目〉

→ 注）「実技（オペレーション）は、1回目～2回目のうち、試験時間帯によっていずれかが出題されますが、1回目のみを掲載しています。

（注意）　この試験問題③の用紙は、<u>入力が終了した時点で</u>、必ず監督者に<u>戻して</u>ください。

〈試験問題③実施手順〉

（マークシート②に学校名・氏名・受験番号を記入後）

1. 「始め」の合図で入力を開始する。（入力時間60分）

2. 「やめ」の合図で入力をやめる。

3. 監督者に速やかに、<u>この試験問題③の用紙を戻す</u>。

4. レセプトを打ち出し、右上あたりに学校名・氏名・受験番号を書く。

5. 監督者から、設問用紙を受け取る。

6. <u>打ち出したレセプトをもとに</u>、設問に対する答えをマークシート②に転記する。

7. 打ち出した レセプト と マークシート の2つを提出する。

一般社団法人
医療秘書教育全国協議会

【実技問題】　　2症例

次の問題を、コンピュータに入力し、打ち出されたレセプトから設問用紙に答えなさい。
"特にカルテに記載がなくても算定できるもの"に関しては算定すること。

　　　実技問題　１．伝票形式
　　　実技問題　２．カルテ形式

　　以上、1～20の設問用紙の答えをマークシートに記入し、マークシートとレセプトの両方を提出し
なさい。

【施設の概要】

病床数	許可病床１００床の病院（うち一般病床：１００床）
診療時間	午前９時～午後６時
休診日	日曜・祝日・12/29～1/3
診療科	各問題の診療科を届出しているものとする
常　勤	薬剤師常勤（時間外等においても勤務しているものとする）

【届出状況・注意事項等】

投　　薬	全て院内処方とする
注　　射	Ａｑについては問題の記載通りとする
検　　査	**検体検査管理加算Ⅱ　届出**とする。 ＊当月初めての検査とする
画像診断	Ｘ－Ｐ：デジタル撮影 Ｃ　Ｔ：６４列以上マルチスライス（その他） ＭＲＩ：３テスラ以上（その他） 画像診断管理加算１及び２ ＊全て当月初めての撮影とする

〈1回目〉伝票

〈1回目〉実技問題1伝票形式〈3級〉

診 療 申 込 書

受診科	内 科 ・ 外 科		保険者番号	０６２６００１２	
フリガナ	ナカイ　　　アヤカ	女	記 号 番 号	7712・238（枝番01）	
氏　名	中 井 綾 香		本 人 家 族	家　族	
			被保険者氏名	中井　康介	
生年月日	平成　6年　8月　17日		資 格 取 得	昭・平　　年　　月　　日	
住　所	〒		保険者	所在地	
電話番号				名　称	

傷 病 名	職務	開　始	終　了	転　帰
胆のう結石症（主）	上 下	令和4年4月18日	令和　年 月 日	治癒 死亡 中止
右第2趾ひょう疽	上 下	令和4年5月26日	令和　年 月 日	治癒 死亡 中止
	上 下	令和　年 月 日	令和　年 月 日	治癒 死亡 中止

★外 来 会 計 伝 票　　　　令和4年5月9日

氏　名	中 井 綾 香	生年月日	H6年8月17日	受診科	内　科
診　　　察	○	医 学 管 理	○	在　　　宅		投　　　薬	○
注　　　射		処　　　置		手　　　術		検　　　査	○
画 像 診 断	○	理 学 療 法		精神科専門療法		そ　の　他	

医学管理等	特定疾患療養管理料		
	薬剤情報提供料	○	**お薬手帳に記載**
	特定薬剤治療管理料		第一回測定日　　　年　　月　　日
	夜間休日救急搬送医学管理料		
	院内トリアージ実施料		

検査伝票

尿糞便検査伝票

○	尿中一般物質定性半定量検査
	糞便中ヘモグロビン定性

氏　名　中　井　綾　香

血液学的検査伝票

○	末梢血液一般	像（鏡検法）
	ESR	像（自動機械法）
	PT	網赤血球数
	出血時間	HbA1c

処方伝票

処方	Rp. ①ウルソ（50）　　3T 　　　チノカプセル　3C 　　　　　　　　分3×14TD

生化学（Ⅰ）検査伝票

	T－BiL		グルコース
	D－BiL		LD
○	TP		アミラーゼ（血清）
	BUN		LAP
	クレアチニン		Alb（アルブミン）
	尿酸（UA）		CK
	ALP		Fe
	ChE	○	HDL－cho
○	γ－GT	○	T－cho
○	TG	○	LDL－cho
○	Na及びCl	○	AST
○	K	○	ALT
	Ca		蛋白分画測定
	Mg		Cu
			血液ガス分析

処置伝票

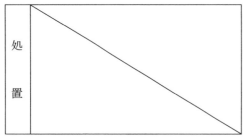

手術伝票

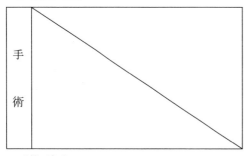

免疫学的検査伝票

CRP定性
CRP
HBs抗原定性・半定量
HCV抗原定性・定量
STS定性

画像診断

デジタル撮影	画像記録用				撮影回数	電画	薬　剤
	半切	大角	大四	四切			
胆のう造影X－P					4	○	ビリスコピン点滴静注 　　　100mL 1瓶 （点滴注入） ＊読影レポートあり

★外 来 会 計 伝 票　　　令和 4 年 5 月 20 日

氏　名	中 井　綾 香	生年月日	H 6 年 8 月 17 日	受診科	内　科
診　　察	○	医 学 管 理		在　　宅		投　　薬	○

診　　察	○	医 学 管 理		在　　宅		投　　薬	○
注　　射		処　　置		手　　術		検　　査	○
画 像 診 断		理 学 療 法		精神科専門療法		その他（処方箋）	

医学管理料	特定疾患療養管理料		
	薬剤情報提供料		
	特定薬剤治療管理料		第一回測定日　　　年　　　月　　　日
	外来栄養食事指導料		

処方伝票

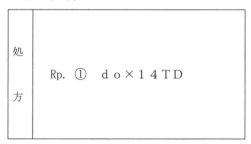

処方　Rp. ①　ｄｏ×14ＴＤ

処置伝票

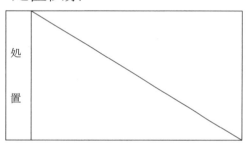

処置

注射伝票

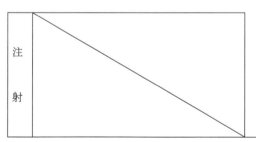

注射

検査伝票

検査　超音波検査（断層）腹部
＊撮影部位：消化器領域

画像診断

デジタル撮影	画像記録用				撮影回数	電画	薬　　剤
	半切	大角	大四	四切			

★外来会計伝票　　　令和4年5月23日

氏　名	中井　綾香	生年月日	H6年8月17日	受診科	内　科
診　　察	○	医学管理	○	在　　宅		投　薬	○
注　　射	○	処　　置		手　　術		検　査	
画像診断		理学療法		精神科専門療法		その他（処方箋）	

医学管理料	特定疾患療養管理料		
	薬剤情報提供料	○	**お薬手帳に記載**
	特定薬剤治療管理料		第一回測定日　　　年　　　月　　　日
	外来栄養食事指導料		
	診療情報提供料（Ⅰ）		

処方伝票

処方	Rp.　②ブスコパン1T×2回分 　　　（痛みの強い時に服用）

注射伝票

注射	iM　ブスコパン1A

手術伝票

手術	

検査伝票

検査	

画像診断

デジタル撮影	画像記録用				撮影回数	電画	薬　剤
	半切	大角	大四	四切			

〈1回目〉伝票

★外 来 会 計 伝 票　　　令和 4 年 5 月 26 日

氏　　名	中 井　綾 香	生年月日	H 6 年 8 月 17 日	受診科	外　科
診　　　　察	○	医 学 管 理	○	在　　宅		投　　薬	○
注　　　　射		処　　　置		手　　術	○	検　　査	
画 像 診 断		理 学 療 法		精神科専門療法		その他（処方箋）	

医学管理料	特定疾患療養管理料		
	薬剤情報提供料	○	**お薬手帳に記載**
	特定薬剤治療管理料		第一回測定日　　　年　　　月　　　日
	外来栄養食事指導料		

処方伝票

処方	Rp. ③フロモックス(100)　3 T 　　　ロキソニン錠　　　3 T 　　　　　　分 3 × 5 T D

処置伝票

処置	

注射伝票

注射	

手術伝票

手術	右第2趾 ひょう疽手術（軟部組織のもの） キシロカイン注射液 1％ 3 mL V イソジン液 5 mL

画像診断

デジタル撮影	画像記録用				撮影回数	電画	薬　　剤
	半切	大角	大四	四切			

★外 来 会 計 伝 票　　　令和 4 年 5 月 27 日

氏　名	中井　綾香		生年月日	H 6 年 8 月 17 日	受診科	外　科
診　察	○	医 学 管 理		在　宅		投　薬	
注　射		処　置	○	手　術		検　査	
画 像 診 断		理 学 療 法		精神科専門療法		その他（処方箋）	

医学管理料	特定疾患療養管理料		
	薬剤情報提供料		
	特定薬剤治療管理料		第一回測定日　　　年　　　月　　　日
	外来栄養食事指導料 1		

処方伝票

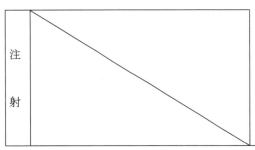

処方

処置伝票

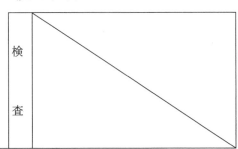

処置

創傷処置（5 ㎠）
　ゲンタシン軟膏 2 g

注射伝票

注射

検査伝票

検査

画像診断

デジタル撮影	画像記録用				撮影回数	電画	薬　剤
	半切	大角	大四	四切			

〈1回目〉実技問題2診療録形式

診　療　録

| 第　　　号 | | | | | | | | 内　科・皮膚科 | | | |

公費負担者番号							保険者番号	3 1 2 5 0 0 1 2		
公費受給者番号							保険証の記号番号	公大津・112762（枝番00）		

受診者	フリガナ	シマムラ　カズマ	男	有　効　期　限			年　　月　　日
	氏　名	島村　和真		資格取得日			年　　月　　日
	生年月日	昭和56年11月3日		事業所	所　在　地		
	住　所	TEL　　（　　）			名　称		
	被保険者氏名	島村　和真　　続柄：本人		保険者	所　在　地		
					名　称		

傷　病　名	開　始	終　了	転　帰
1）高血圧症（主）	令和4年2月7日	年　月　日	治癒・死亡・中止
2）右下肢第2度熱傷	令和4年5月5日	年　月　日	治癒・死亡・中止
3）右膝第3度熱傷	令和4年5月7日	年　月　日	治癒・死亡・中止

既往症・原因・主要症状・経過等	処方・手術・処置等
令和4年 5／5（祝日） 皮膚科 　自宅でバーベキューをしていて火傷をした。 　右膝を中心に上下700㎠の面積に熱湯が 　かかった。すぐに冷やしたが痛みがひどい 5／6 皮膚科 　化膿している部分が多いので抗生剤を注射 5／7 皮膚科 　壊疽している部分を一部切開し摘除 5／9 内科 **生活習慣病管理料2（指導内容省略）** 　やけどで服用している薬と併用しても可 　血圧の薬は続けるように 　＊検体検査の結果を<u>本日中</u>に文書で説明する。 皮膚科 　処置の経過良好 　このまま処置を継続 　1週間程度で自宅での処置が可能と説明	5／5（祝日）14：00 　処置　熱傷処置（700㎠） 　　　　白色ワセリン「ケンエー」50ｇ 　　　　ゲンタシン軟膏10ｇ 　Ｒｐ．①セフゾンカプセル(100)3Ｃ 　　　　　ロキソプロフェンNa60mg「サワイ」3Ｔ 　　　　　　　　　　　　　　分3×5ＴＤ 　　　　②ゲンタシン軟膏5ｇ×5本 　　　　薬剤情報提供（文書）・手帳記載 5／6 　処置　熱傷処置ｄｏ 　ｉＶ　セファメジンα注射用1ｇ　1Ｖ 5／7 　手術　皮膚切開術（5㎝） 　　　　キシロカイン注射液1％5mLＶ 　　　　イソジン液3mL 5／9 内科 　検尿　尿一般 　検血　末梢血液一般 　　　　ＴＰ、Ｔｃｈｏ、Ｎａ・Ｃｌ、Ｋ、 　　　　ＢＵＮ、クレアチニン、ＡＳＴ、ＡＬＴ 　　　　ＴＧ、γ-ＧＴ 　画像　胸部Ｘ－Ｐ（撮影2回）電子画像管理 　　　　（放射線科医の読影レポートあり） 　Ｒｐ．アムロジンＯＤ(2.5)2Ｔ×28ＴＤ 　　　　薬剤情報提供（文書）・手帳記載 皮膚科 　処置　熱傷処置ｄｏ

第53回医事コンピュータ技能検定試験（2022.6.11）

3級　試験問題③　設問用紙

伝票形式

（注意）・この設問に答える前に必ず試験問題③の用紙を監督者に戻してください。

　　　　試験問題③用紙を見て答えた場合は無効になりますので、ご注意ください。

　　　　・これは提出用ではありません。終了後、持ち帰ってください。

・打ち出されたレセプトをもとに、次の問いに対する正しい解答の番号を、マークシートに転記しなさい。

1．初診料と再診料の合計点数を選びなさい。（外来管理加算は含まないが時間外加算等は含む）
　　①　　　　２９１点　　　②　　　　３７５点　　　③　　　　３００点　　　④　　　　５９１点　　　⑤　その他

2．外来管理加算の点数を選びなさい。
　　①　　　　　０点　　　②　　　　５２点　　　③　　　１０４点　　　④　　　１５６点　　　⑤　その他

3．医学管理料の合計点数を選びなさい。
　　①　　　　７点　　　②　　　１４点　　　③　　　２１点　　　④　　　２８点　　　⑤　その他

4．投薬料の合計点数を選びなさい。（薬剤料、調剤料、処方料、麻毒加算、調基の合計点数）
　　①　　　　５５５点　　　②　　　　５５４点　　　③　　　　５４１点　　　④　　　　６１１点　　　⑤　その他

5．注射料の合計点数を選びなさい。
　　①　　　　６点　　　②　　　４３点　　　③　　　５９点　　　④　　　３１点　　　⑤　その他

6．処置料と処置薬剤の合計点数を選びなさい。
　　①　　　　５４点　　　②　　　５２点　　　③　　　６０点　　　④　　　５３点　　　⑤　その他

7．手術料と手術薬剤の合計点数を選びなさい。
　　①　１，１９５点　　　②　１，４０５点　　　③　２，３８３点　　　④　２，８０３点　　　⑤　その他

8．検査料の合計点数を選びなさい。（判断料、薬剤料、フィルム代を含む）
　　①　　　　９８９点　　　②　１，０２９点　　　③　　　　９８５点　　　④　１，０２５点　　　⑤　その他

9．画像診断料の合計点数を選びなさい。（フィルム代、薬剤料を含む）
　　①　１，０７４点　　　②　１，１４４点　　　③　１，１９７点　　　④　１，２４６点　　　⑤　その他

10．この問題の保険の種類を選びなさい。
　　①　　　　共済組合　　　②　　　組合管掌　　　③　　　協会けんぽ　　　④　国民健康保険　　　⑤　自衛官

3　級

診療録 （これは提出用ではありません）

・打ち出されたレセプトをもとに、次の問いに対する正しい解答の番号を、マークシートに転記しなさい。

11. 初診料と再診料の合計点数を選びなさい。（外来管理加算は含まないが時間外加算等は含む）
　　　①　　　　 ５２８点　　　②　　　　 ３７５点　　　③　　　　 ５９１点　　　④　　　　 ４０３点　　　⑤　その他

12. 外来管理加算の点数を選びなさい。
　　　①　　　　　 ０点　　　②　　　　　 ５２点　　　③　　　　 １０４点　　　④　　　　 １５６点　　　⑤　その他

13. 医学管理料の合計点数を選びなさい。
　　　①　　　　　 １４点　　　②　　　　 １０１点　　　③　　　　 １６１点　　　④　　　　 ３４７点　　　⑤　その他

14. 投薬料の合計を選びなさい。（薬剤料、調剤料、処方料、麻毒加算、調基の合計点数）
　　　①　　　　 ３８６点　　　②　　　　 ３３０点　　　③　　　　 ３４４点　　　④　　　　 ４００点　　　⑤　その他

15. 注射料の合計点数を選びなさい。
　　　①　　　　　 ７２点　　　②　　　　　 ６０点　　　③　　　　　 ３５点　　　④　　　　　 ８８点　　　⑤　その他

16. 処置料と処置薬剤の合計点数を選びなさい。
　　　①　 １，０８０点　　　②　 １，３５０点　　　③　 １，２１５点　　　④　　　　 ５１０点　　　⑤　その他

17. 手術料と手術薬剤の合計点数を選びなさい。
　　　①　 ３，５８５点　　　②　　　　 ９９５点　　　③　　　　 ６４６点　　　④　　　　 ６４５点　　　⑤　その他

18. 検査料の合計点数を選びなさい。（判断料、薬剤料、フィルム代も含む）
　　　①　　　　 ４５９点　　　②　　　　 ４９９点　　　③　　　　 ５０９点　　　④　　　　 ５４９点　　　⑤　その他

19. 画像診断料の合計点数を選びなさい。（フィルム代、薬剤料も含む）
　　　①　　　　 ３５７点　　　②　　　　 ２３０点　　　③　　　　 ２８７点　　　④　　　　 ４６７点　　　⑤　その他

20. この保険の患者負担割合を選びなさい。
　　　①　　　　　 ３割　　　②　　　　　 ２割　　　③　　　　　 ８割　　　④　　　　　 ７割　　　⑤　その他

③ 3級 医事コンピュータ技能検定試験答案用紙②

学 校 名 (出身校)		在学（　）年生 既卒

フリガナ		
受験者氏名	(姓)	(名)

級 区 分
準1級 ①
2級 ②
3級 ●

答案種類
筆記 ①
実技 ●

実技回数
1回目 ①
2回目 ②

受 験 番 号
(最後に番号とマークをもう一度確認すること)

番号を記入しマークしてください。

① ① ① ① ① ① ①
② ② ② ② ② ② ②
③ ③ ③ ③ ③ ③ ③
④ ④ ④ ④ ④ ④ ④
⑤ ⑤ ⑤ ⑤ ⑤ ⑤ ⑤
⑥ ⑥ ⑥ ⑥ ⑥ ⑥ ⑥
⑦ ⑦ ⑦ ⑦ ⑦ ⑦ ⑦
⑧ ⑧ ⑧ ⑧ ⑧ ⑧ ⑧
⑨ ⑨ ⑨ ⑨ ⑨ ⑨ ⑨
⓪ ⓪ ⓪ ⓪ ⓪ ⓪ ⓪

試験問題表紙の回数をマークしてください。
（マークが無い場合には採点できません）

（問1つに対し、2つ以上のマークをすると不正解となります。）

問	解 答 欄
1	① ② ③ ④ ⑤
2	① ② ③ ④ ⑤
3	① ② ③ ④ ⑤
4	① ② ③ ④ ⑤
5	① ② ③ ④ ⑤
6	① ② ③ ④ ⑤
7	① ② ③ ④ ⑤
8	① ② ③ ④ ⑤
9	① ② ③ ④ ⑤
10	① ② ③ ④ ⑤
11	① ② ③ ④ ⑤
12	① ② ③ ④ ⑤
13	① ② ③ ④ ⑤
14	① ② ③ ④ ⑤
15	① ② ③ ④ ⑤
16	① ② ③ ④ ⑤
17	① ② ③ ④ ⑤
18	① ② ③ ④ ⑤
19	① ② ③ ④ ⑤
20	① ② ③ ④ ⑤

第 54 回（2022 年 11 月 12 日実施）

医事コンピュータ技能検定試験
3級

試験問題③

「実技（オペレーション）」　　試験時間　60分

〈1回目〉

注）「実技（オペレーション）は、1回目〜2回目のうち、試験時間帯によっていずれかが出題されますが、1回目のみを掲載しています。

（注意）　この試験問題③の用紙は、入力が終了した時点で、必ず監督者に戻してください。

〈試験問題③実施手順〉

（マークシート②に学校名・氏名・受験番号を記入後）

1. 「始め」の合図で入力を開始する。（入力時間60分）

2. 「やめ」の合図で入力をやめる。

3. 監督者に速やかに、この試験問題③の用紙を戻す。

4. レセプトを打ち出し、右上あたりに学校名・氏名・受験番号を書く。

5. 監督者から、設問用紙を受け取る。

6. 打ち出したレセプトをもとに、設問に対する答えをマークシート②に転記する。

7. 打ち出した レセプト と マークシート の2つを提出する。

一般社団法人
医療秘書教育全国協議会

【実技問題】　2症例

次の問題を、コンピュータに入力し、打ち出されたレセプトから設問用紙に答えなさい。
"特にカルテに記載がなくても算定できるもの" に関しては算定すること。

実技問題　1．伝票形式
実技問題　2．カルテ形式

以上、1～20の設問用紙の答えをマークシートに記入し、マークシートとレセプトの両方を提出しなさい。

【施設の概要】

病床数	許可病床１００床の病院（うち一般病床：９０床）
診療時間	午前９時～午後６時
休診日	日曜・祝日・12/29～1/3
診療科	各問題の診療科を届出しているものとする
常　勤	薬剤師常勤（時間外等においても勤務しているものとする）

【届出状況・注意事項等】

投　　薬	全て院内処方とする
注　　射	Ａｑについては問題の記載通りとする
検　　査	**検体検査管理加算Ⅱ　届出**とする。 ＊当月初めての検査とする
画像診断	Ｘ－Ｐ：デジタル撮影 Ｃ　Ｔ：６４列以上マルチスライス（その他） ＭＲＩ：３テスラ以上（その他） 画像診断管理加算１及び２ ＊全て当月初めての撮影とする

〈1回目〉伝票

実技問題１伝票形式〈３級〉

診 療 申 込 書

＊枝番の入力ができない機器は従来通り入力なしとする

受診科	内 科・外 科		保険者番号		０１１３００１２
フリガナ	コンドウ　　アイリ	女	記 号 番 号		15728993・278（枝番 01）
氏 名	近 藤 愛 梨		本 人 家 族		家 族
			被保険者氏名		近 藤 聡 介
生年月日	昭和 ５８年 ６月 １２日		資格取得		昭・平　　年　　月　　日
住 所	〒		保険者	所在地	
電話番号				名 称	

傷 病 名	職務	開 始	終 了	転 帰
狭心症（主）	上 下	令和 2 年 4 月 18 日	令和　年　月　日	治癒 死亡 中止
心臓弁膜症	上 下	令和 4 年 10 月 7 日	令和　年　月　日	治癒 死亡 中止
右手関節ガングリオン	上 下	令和 4 年 10 月 20 日	令和　年　月　日	治癒 死亡 中止

★外 来 会 計 伝 票　　　　令和４年10月７日

氏 名	近 藤 愛 梨	生年月日	S 58 年 6 月 12 日	受診科	内 科
診 察	○	医 学 管 理 ○	在 宅	投 薬	○
注 射		処 置	手 術	検 査	○
画 像 診 断		理 学 療 法	精神科専門療法	そ の 他	

医	特定疾患療養管理料	○	指導内容別紙添付
学	薬剤情報提供料	○	**お薬手帳に記載**
管	特定薬剤治療管理料		第一回測定日　　　年　　月　　日
理	夜間休日救急搬送医学管理料		
等	院内トリアージ実施料		

検査伝票

尿糞便等検査伝票	
○	尿中一般物質定性半定量検査
	糞便中ヘモグロビン定性

処方伝票

処方	Rp.　①ヘルベッサーR（100）2C 　　　　ノルバスクOD（5）　2T 　　　　　　　　　　分2×28TD

処置伝票

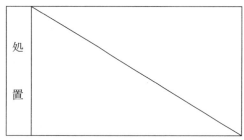

処置	

生体検査伝票

生体検査	心臓超音波検査 （経胸壁心エコー法）

氏　名　近　藤　愛　梨

血液学的検査伝票		
○	末梢血液一般	像（鏡検法）
	ESR	像（自動機械法）
	PT	網赤血球数
	出血時間	HbA1c

生化学（Ⅰ）検査伝票			
	T－BiL		グルコース
	D－BiL		LD
○	TP		ｱﾐﾗｰｾﾞ（血清）
	BUN		LAP
	クレアチニン		Alb（ｱﾙﾌﾞﾐﾝ）
	尿酸（UA）		CK
	ALP		Fe
	ChE	○	HDL－cho
○	γ－GT	○	T－cho
○	TG	○	LDL－cho
○	Na及びCl	○	AST
○	K	○	ALT
	Ca		蛋白分画測定
	Mg		Cu
			血液ガス分析

免疫学的検査伝票	
	CRP定性
	CRP
	HBs抗原定性・半定量
	HCV抗原定性・定量
	STS定性

画像診断

デジタル撮影	画像記録用				撮影回数	電画	薬　剤
	半切	大角	大四	四切			

〈1回目〉伝票

★外 来 会 計 伝 票　　　令和 4 年 10 月 20 日

氏　名	近 藤　愛 梨		生年月日	S 58 年 6 月 12 日	受診科	外　科	
診　　　　察	○	医 学 管 理	○	在　　　宅		投　　　薬	○
注　　　　射		処　　　　置	○	手　　　術		検　　　査	
画 像 診 断	○	理 学 療 法		精神科専門療法		その他（処方箋）	

医学管理料	特定疾患療養管理料		
	薬剤情報提供料	○	**お薬手帳に記載**
	特定薬剤治療管理料		第一回測定日　　　年　　　月　　　日
	外来栄養食事指導料		

処方伝票

処方	Rp.　② 　セファレキシン(250)「トーワ」3 C 　ムコスタ（100）　　3 T 　　　　　　　分 3 × 5 T D

処置伝票

処置	ガングリオン穿刺術

注射伝票

注射	

検査伝票

検査	

画像診断

デジタル撮影	画像記録用				撮影回数	電画	薬　剤
	半切	大角	大四	四切			
右手関節 X－P					2	○	＊健側患側比較撮影
左手関節 X－P					2		＊放射線科医の 　　読影レポートあり

★外来会計伝票　　　令和4年10月21日

氏　名	近藤　愛梨	生年月日	S 58年6月12日	受診科	外　科
診　　　察	○	医学管理	○	在　　宅		投　　薬	○
注　　　射	○	処　　置		手　　術	○	検　　査	
画像診断		理学療法		精神科専門療法		その他（処方箋）	

	特定疾患療養管理料		
医学管理料	薬剤情報提供料	○	**お薬手帳に記載**
	特定薬剤治療管理料		第一回測定日　　　年　　　月　　　日
	外来栄養食事指導料		
	診療情報提供料（Ⅰ）		

処方伝票

処方	Rp.　③ロキソニン1T×5回分 　　　（痛みの強い時に服用）

注射伝票

注射	点滴 セファゾリンNa注射用「NP」1g　1瓶 生理食塩液100mL　1瓶 （手術に関連する注射とする）

手術伝票

手術	ガングリオン摘出術（手） 　キシロカイン注射液1%3mL 　イソジン液　5mL

検査伝票

検査	

画像診断

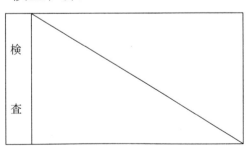

デジタル撮影	画像記録用				撮影回数	電画	薬　剤
	半切	大角	大四	四切			

〈1回目〉伝票

★外 来 会 計 伝 票　　　令和 4 年 10 月 22 日

氏　名	近 藤　愛 梨	生年月日	S 58 年 6 月 12 日	受診科	外　科
診　　　　察	○	医 学 管 理		在　　　宅		投　　　薬	
注　　　　射		処　　　置	○	手　　　術		検　　　査	
画 像 診 断		理 学 療 法		精神科専門療法		その他（処方箋）	

医学管理料	特定疾患療養管理料		
	薬剤情報提供料		
	特定薬剤治療管理料	第一回測定日　　　年　　　月　　　日	
	外来栄養食事指導料		

処方伝票

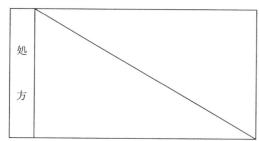

処置伝票

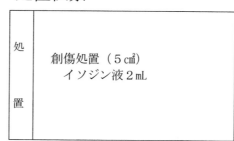

創傷処置（5 ㎠）
イソジン液 2 ㎖

注射伝票

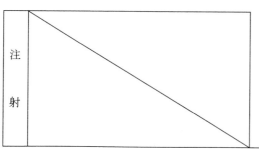

検査伝票

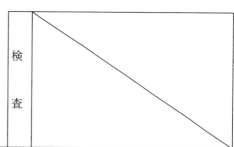

画像診断

デジタル撮影	画像記録用				撮影回数	電画	薬　　　剤
	半切	大角	大四	四切			

★外来会計伝票　　　　令和 4 年 10 月 27 日

氏　名	近藤　愛梨	生年月日	S 58 年 6 月 12 日	受診科	内　科

診　　　察	○	医学管理	○	在　　　宅		投　　　薬	○
注　　　射		処　　　置		手　　　術		検　　　査	○
画 像 診 断		理 学 療 法		精神科専門療法		その他（処方箋）	

医学管理料	特定疾患療養管理料	○	指導内容別紙添付
	薬剤情報提供料	○	**お薬手帳に記載**
	特定薬剤治療管理料		第一回測定日　　　　年　　　月　　　日
	外来栄養食事指導料 1		

処方伝票

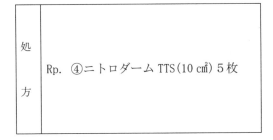

処方	Rp.　④ニトロダーム TTS（10 ㎠）5 枚

処置伝票

処置	

注射伝票

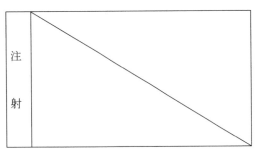

注射	

検査伝票

検査	心臓カテーテル法による諸検査 （左心カテーテル） ＊医療材料・薬剤は省略とする

画像診断

デジタル撮影	画像記録用				撮影回数	電画	薬　　　剤
	半切	大角	大四	四切			

〈1回目〉診療録　　　　　　**実技問題2診療録形式**

診　療　録

＊枝番の入力ができない機器は従来通り入力なしとする

第　　　号　　　　　　　　　　　　　　　　　　　　　　　内科・外科・皮膚科

公費負担者番号		保険者番号	0 6 2 2 0 0 7 3
公費受給者番号		保険証の記号番号	38002・16（枝番00）

受診者	フリガナ	フクハラ　ハルカ	女	有　効　期　限		年　月　日
	氏　名	福原　遥		資格取得日		年　月　日
	生年月日	昭和51年12月31日	事業所	所在地		
	住　所	TEL　（　）		名　称		
	被保険者氏名	福原　遥　　続柄：本人	保険者	所在地		
				名　称		

傷　病　名	開　始	終　了	転帰
1）アトピー性皮膚炎（主）	令和4年 7月21日	年 月 日	治癒・死亡・中止
2）胆石性胆のう炎	令和4年10月14日	年 月 日	治癒・死亡・中止
3）右前腕挫創	令和4年10月23日	年 月 日	治癒・死亡・中止

既往症・原因・主要症状・経過等	処方・手術・処置等
令和4年 10／1 　皮膚科 　　抗アレルギー剤の内服で症状緩和している 　　ステロイドの塗り方に注意が必要 　　皮膚科特定疾患指導管理料Ⅱ（内容別紙） 10／14 　内科 　　1週間微熱が続いている。 　　次回胆のう造影を行う予定 　　CRP高値 　＊検体検査の結果を<u>本日中</u>に文書で説明する。 10／21 　内科 　　内服薬で熱は下がっている 　　炎症は収まってきているので 　　もう少し内服薬を継続 10／23（日曜）17：20 　外科 　　近所の土手にて転倒し負傷 　　破傷風の危険性を説明し、筋注を実施 　　＊**破傷風トキソイドは<u>手術には関連しない</u> 　　注射とする** 　　骨折（−）にて縫合のみ行う 10／24 　外科 　　術後の創部は経過良好	10／1 　Rp.　①オノンカプセル3C ⎫ 　　　　　ザジテンカプセル3C ⎬ ×28TD 　　　　②プロトピック軟膏0.1％5g×3本 　　　　薬剤情報提供（文書）・手帳記載 10／14 　検尿　尿一般、沈渣（鏡検法） 　検血　末梢血液一般、ESR、CRP 　　　　TP、TG、γ-GT、Tcho 　　　　AST、ALT、ALP、UA 　画像　腹部X−P（撮影2回）電子画像管理 　Rp.　③バナン錠（100）3T ⎫ 　　　　　ロキソニン錠　3T ⎬ ×7TD 　　　　薬剤情報提供（文書）・手帳記載 10／21 　画像　胆のう造影X−P（撮影6回）電画保存 　　　　ビリスコピン点滴静注100mL　1V 　　　　点滴注入 　　　　（放射線科医の読影レポートあり） 　Rp.　③ do×7TD 10／23 　緊急撮影（17：30） 　右手関節X−P（撮影2回）電子画像管理 　iM　破傷風トキソイド「生研」0.5mL1瓶 　手術　創傷処理（5cm）筋肉に達しない 　　　　真皮縫合加算 　　　　キシロカイン注射液1％5mL 　　　　イソジン液5mL 10／24 　処置　創傷処置（100cm²未満）

第54回医事コンピュータ技能検定試験（2022.11.12）

3級　試験問題③　設問用紙

伝票形式

（注意）・この設問に答える前に必ず試験問題③の用紙を監督者に戻してください。

試験問題③用紙を見て答えた場合は無効になりますので、ご注意ください。

・これは提出用ではありません。終了後、持ち帰ってください。

・打ち出されたレセプトをもとに、次の問いに対する正しい解答の番号を、マークシートに転記しなさい。

1．初診料と再診料の合計点数を選びなさい。（外来管理加算は含まないが時間外加算等は含む）

① 　 ２９１点 　 ② 　 ３７５点 　 ③ 　 ３００点 　 ④ 　 ５９１点 　 ⑤ 　 その他

2．外来管理加算の点数を選びなさい。

① 　 ０点 　 ② 　 ５２点 　 ③ 　 １０４点 　 ④ 　 １５６点 　 ⑤ 　 その他

3．医学管理料の合計点数を選びなさい。

① 　 ２８点 　 ② 　 １１５点 　 ③ 　 １７４点 　 ④ 　 ３２２点 　 ⑤ 　 その他

4．投薬料の合計点数を選びなさい。（薬剤料、調剤料、処方料、麻毒加算、調基の合計点数）

① 　 ５６３点 　 ② 　 ５０７点 　 ③ 　 ５４９点 　 ④ 　 ４５１点 　 ⑤ 　 その他

5．注射料の合計点数を選びなさい。

① 　 ７４点 　 ② 　 ４９点 　 ③ 　 ８６点 　 ④ 　 １０２点 　 ⑤ 　 その他

6．処置料と処置薬剤の合計点数を選びなさい。

① 　 ８０点 　 ② 　 ５２点 　 ③ 　 １３２点 　 ④ 　 １４０点 　 ⑤ 　 その他

7．手術料と手術薬剤の合計点数を選びなさい。

① 　 ３，０５４点 　 ② 　 ３，９４５点 　 ③ 　 ３，０５０点 　 ④ 　 ３，０５３点 　 ⑤ 　 その他

8．検査料の合計点数を選びなさい。（判断料、薬剤料、フィルム代を含む）

① 　 ５，０２５点 　 ② 　 ４，９７５点 　 ③ 　 ５，３７５点 　 ④ 　 ５，３３５点 　 ⑤ 　 その他

9．画像診断料の合計点数を選びなさい。（フィルム代、薬剤料を含む）

① 　 ３３５点 　 ② 　 ４０５点 　 ③ 　 ４４８点 　 ④ 　 ５１８点 　 ⑤ 　 その他

10．この問題の保険の種類を選びなさい。

① 　 共済組合 　 ② 　 組合管掌 　 ③ 　 協会けんぽ 　 ④ 　 国民健康保険 　 ⑤ 　 自衛官

3　級

診　療　録　(これは提出用ではありません)

・打ち出されたレセプトをもとに、次の問いに対する正しい解答の番号を、マークシートに転記しなさい。

11. 初診料と再診料の合計点数を選びなさい。(外来管理加算は含まないが時間外加算等は含む)

　　① 　　 ５６５点　　　 ② 　　 ３７５点　　　 ③ 　　 ５９１点　　　 ④ 　　 ８４１点　　　 ⑤ その他

12. 外来管理加算の点数を選びなさい。

　　① 　　 　０点　　　 ② 　　 　５２点　　　 ③ 　　 １０４点　　　 ④ 　　 １５６点　　　 ⑤ その他

13. 医学管理料の合計点数を選びなさい。

　　① 　　 １１４点　　　 ② 　　 　１４点　　　 ③ 　　 １０１点　　　 ④ 　　 １６１点　　　 ⑤ その他

14. 投薬料の合計を選びなさい。(薬剤料、調剤料、処方料、麻毒加算、調基の合計点数)

　　① 　　 ８０９点　　　 ② 　　 ７９８点　　　 ③ 　　 ７８４点　　　 ④ 　　 ８５４点　　　 ⑤ その他

15. 注射料の合計点数を選びなさい。

　　① 　　 １４６点　　　 ② 　　 １５８点　　　 ③ 　　 １３１点　　　 ④ 　　 １０６点　　　 ⑤ その他

16. 処置料と処置薬剤の合計点数を選びなさい。

　　① 　　 １７０点　　　 ② 　　 　０点　　　 ③ 　　 　６０点　　　 ④ 　　 　５２点　　　 ⑤ その他

17. 手術料と手術薬剤の合計点数を選びなさい。

　　① 　２，５４４点　　 ② 　２，５４３点　　 ③ 　１，４１５点　　 ④ 　１，９７９点　　 ⑤ その他

18. 検査料の合計点数を選びなさい。(判断料、薬剤料、フィルム代も含む)

　　① 　　 ６８５点　　　 ② 　　 ７３５点　　　 ③ 　　 ７７５点　　　 ④ 　　 ７２５点　　　 ⑤ その他

19. 画像診断料の合計点数を選びなさい。(フィルム代、薬剤料も含む)

　　① 　１，９３１点　　 ② 　１，８７８点　　 ③ 　１，８０８点　　 ④ 　１，６９８点　　 ⑤ その他

20. この保険の患者負担割合を選びなさい。

　　① 　　 ３割　　　 ② 　　 ２割　　　 ③ 　　 ８割　　　 ④ 　　 ７割　　　 ⑤ その他

3 級 医事コンピュータ技能検定試験答案用紙②

学 校 名 (出身校)		在学（　）年生 既卒

フリガナ		
受験者氏名	(姓)	(名)

受 験 番 号
（最後に番号とマークをもう一度確認すること）

← 番号を記入しマークしてください。

①①①①①①①
②②②②②②②
③③③③③③③
④④④④④④④
⑤⑤⑤⑤⑤⑤⑤
⑥⑥⑥⑥⑥⑥⑥
⑦⑦⑦⑦⑦⑦⑦
⑧⑧⑧⑧⑧⑧⑧
⑨⑨⑨⑨⑨⑨⑨
⓪⓪⓪⓪⓪⓪⓪

級 区 分		答案種類		実技回数	
準1級	①	筆記	①	1回目	①
2級	②	実技	●	2回目	②
3級	●				

── 試験問題表紙の回数をマークしてください。
（マークが無い場合には採点できません）

（問1つに対し、2つ以上のマークをすると不正解となります。）

問	解 答 欄				
1	①	②	③	④	⑤
2	①	②	③	④	⑤
3	①	②	③	④	⑤
4	①	②	③	④	⑤
5	①	②	③	④	⑤
6	①	②	③	④	⑤
7	①	②	③	④	⑤
8	①	②	③	④	⑤
9	①	②	③	④	⑤
10	①	②	③	④	⑤
11	①	②	③	④	⑤
12	①	②	③	④	⑤
13	①	②	③	④	⑤
14	①	②	③	④	⑤
15	①	②	③	④	⑤
16	①	②	③	④	⑤
17	①	②	③	④	⑤
18	①	②	③	④	⑤
19	①	②	③	④	⑤
20	①	②	③	④	⑤

第 55 回（2023 年 6 月 17 日実施）

医事コンピュータ技能検定試験
3級

試験問題③

「実技（オペレーション）」　試験時間　60分

〈1回目〉

→ 注）「実技（オペレーション）」は、1回目〜
2回目のうち、試験時間帯によっていず
れかが出題されますが、1回目のみを掲
載しています。

（注意）　この試験問題③の用紙は、入力が終了した時点で、必ず監督者に戻してください。

〈試験問題③実施手順〉

（マークシート②に学校名・氏名・受験番号を記入後）

1. 「始め」の合図で入力を開始する。（入力時間60分）

2. 「やめ」の合図で入力をやめる。

3. 監督者に速やかに、この試験問題③の用紙を戻す。

4. レセプトを打ち出し、右上あたりに学校名・氏名・受験番号を書く。

5. 監督者から、設問用紙を受け取る。

6. 打ち出したレセプトをもとに、設問に対する答えをマークシート②に転記する。

7. 打ち出した レセプト と マークシート の2つを提出する。

一般社団法人
医療秘書教育全国協議会

次の問題を、コンピュータに入力し、打ち出されたレセプトから設問用紙に答えなさい。
"特にカルテに記載がなくても算定できるもの" に関しては算定すること。

　　　実技問題　１．伝票形式
　　　実技問題　２．カルテ形式

　　　以上、1～20 の設問用紙の答えをマークシートに記入し、マークシートとレセプトの両方を提出しなさい。

【施設の概要】

病床数	許可病床１００床の病院（うち一般病床：１００床）
診療時間	午前９時～午後６時
休診日	日曜・祝日・12/29～1/3
診療科	各問題の診療科を届出しているものとする
常　勤	薬剤師常勤（時間外等においても勤務しているものとする）

【届出状況・注意事項等】

初　診 再　診	「医療情報・システム基盤整備体制充実加算」については算定しないものとする。
投　薬	全て院内処方とする
注　射	Ａｑについては問題の記載通りとする
検　査	**検体検査管理加算Ⅱ　届出**とする。 ＊当月初めての検査とする
画像診断	Ｘ－Ｐ：デジタル撮影 Ｃ　Ｔ：６４列以上マルチスライス（その他） ＭＲＩ：３テスラ以上（その他） 画像診断管理加算１及び２ ＊全て当月初めての撮影とする

〈1回目〉伝票

〈1回目〉実技問題1伝票形式〈3級〉

診 療 申 込 書

＊枝番の入力ができない機器は従来通り入力なしとする

受診科	内科・外科		保険者番号	06410013
フリガナ	イシカワ　　マユ	女	記号番号	7712・238（枝番00）
氏　名	石 川　　真 由		本人家族	本　人
			被保険者氏名	石川　真由
生年月日	平成 6 年 8 月 17 日		資格取得	昭・平　　年　　月　　日
住　　所	〒	保険者	所在地	
電話番号			名　称	

傷 病 名	職務	開始	終了	転帰
(1) 2型糖尿病（主）	上 下	令和5年5月6日	令和 年 月 日	治癒 死亡 中止
(2) 右上肢第2度熱傷	上 下	令和5年5月7日	令和 年 月 日	治癒 死亡 中止
(3) 右第2趾ひょう疽	上 下	令和5年5月23日	令和 年 月 日	治癒 死亡 中止

★外 来 会 計 伝 票　　　　令和5年5月6日

氏　名	石 川　真 由	生年月日	H6年8月17日	受診科	内　科
診　　　　察	○	医 学 管 理	○	在　　　宅	投　　　薬 ○
注　　　　射		処　　　置		手　　　術	検　　　査 ○
画 像 診 断		理 学 療 法		精神科専門療法	そ の 他

医学管理等	特定疾患療養管理料		
	薬剤情報提供料	○	**お薬手帳に記載**
	特定薬剤治療管理料		第一回測定日　　　　年　　　月　　　日
	夜間休日救急搬送医学管理料		
	院内トリアージ実施料		

発行日　令和5年5月6日

検査伝票

氏　名　石　川　真　由

尿糞便等検査伝票	
○	尿中一般物質定性半定量検査
	糞便中ヘモグロビン定性

血液学的検査伝票			
○	末梢血液一般		像（鏡検法）
	ESR		像（自動機械法）
	PT		網赤血球数
	出血時間	○	HbA1c

処方伝票

処方	Rp. ①アマリール(0.5)1T 分1×7TD

処置伝票

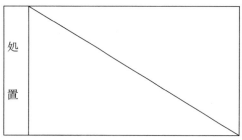

手術伝票

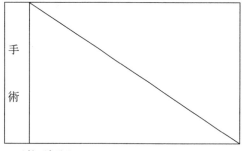

生化学（Ⅰ）検査伝票			
○	T−BiL	○	グルコース
○	D−BiL		LD
○	TP		アミラーゼ（血清）
	BUN		LAP
	クレアチニン		Alb（アルブミン）
	尿酸（UA）		CK
	ALP		Fe
	ChE		HDL−cho
○	γ−GT		T−cho
○	TG		LDL−cho
	Na及びCl	○	AST
○	K	○	ALT
	Ca		蛋白分画測定
	Mg		Cu
			血液ガス分析

免疫学的検査伝票	
	CRP定性
	CRP
	HBs抗原定性・半定量
	HCV抗原定性・定量
	STS定性

画像診断

デジタル撮影	画像記録用				撮影回数	電画	薬　剤
	半切	大角	大四	四切			

〈1 回目〉伝票

★外 来 会 計 伝 票　令和 5 年 5 月 7 日（日曜）

氏　　名	石 川　真 由	生年月日	H 6 年 8 月 17 日	受診科	内　科
診　　　　　察	○	医 学 管 理 ○		在　　宅	投　　薬 ○
注　　　　　射	○	処　　　置 ○		手　　術	検　　査
画 像 診 断		理 学 療 法		精神科専門療法	その他（処方箋）

医学管理料	特定疾患療養管理料		
	薬剤情報提供料	○	**お薬手帳に記載**
	特定薬剤治療管理料		第一回測定日　　　年　　　月　　　日
	外来栄養食事指導料		

処方伝票

処方	Rp.　②フロモックス (100) 3 T 　　　　ムコスタ錠 (100)　　3 T 　　　　　　　　　　　分 3 × 7 T D

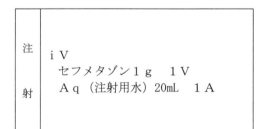

処置伝票

処置	＊日曜（13：00）に処置を実施 　　熱傷処置（600 ㎠） 　　　ゲーベンクリーム 30 g 　　　ソフラチュール (10×10) 1 枚

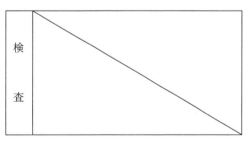

注射伝票

注射	i V 　セフメタゾン 1 g　　1 V 　A q（注射用水）20mL　1 A

検査伝票

検査	

画像診断

デジタル撮影	画像記録用				撮影回数	電画	薬　　剤
	半切	大角	大四	四切			

〈1回目〉伝票

★外 来 会 計 伝 票　　　令和5年5月9日

氏　名	石 川　真 由	生年月日	Ｈ6年8月17日	受診科	内　科
診　　　察	○	医 学 管 理	○	在　　宅		投　　薬	○

診　　　察	○	医 学 管 理	○	在　　宅		投　　薬	○
注　　　射		処　　　置	○	手　　術		検　　査	
画 像 診 断		理 学 療 法		精神科専門療法		その他（処方箋）	

医学管理料	特定疾患療養管理料		
	薬剤情報提供料	○	**お薬手帳に記載**
	特定薬剤治療管理料		第一回測定日　　　年　　　月　　　日
	外来栄養食事指導料		
	診療情報提供料（Ⅰ）		

処方伝票

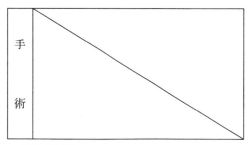

処方	Rp.　③ゲーベンクリーム 10g×5本 　　　①　do　×　14ＴＤ

処置伝票

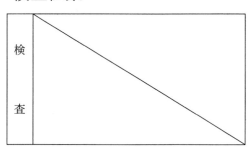

処置	熱傷処置（450 ㎠） 　　ゲーベンクリーム 20 g 　　ソフラチュール（10×10）0.5 枚

手術伝票

手術	

検査伝票

検査	

画像診断

デジタル撮影	画像記録用				撮影回数	電画	薬　　剤
	半切	大角	大四	四切			

〈1回目〉伝票

★外来会計伝票　　　　令和5年5月23日

氏　名	石川　真由	生年月日	H6年8月17日	受診科	外　科

診　　　　　察	○	医 学 管 理	○	在　　　　宅		投　　　　薬	○
注　　　　　射		処　　　　置		手　　　　術	○	検　　　　査	
画 像 診 断	○	理 学 療 法		精神科専門療法		その他（処方箋）	

医学管理料	特定疾患療養管理料		
	薬剤情報提供料	○	**お薬手帳に記載**
	特定薬剤治療管理料		第一回測定日　　　年　　　月　　　日
	外来栄養食事指導料		

処方伝票

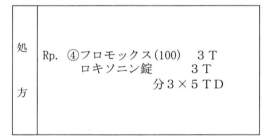

処方	Rp.　④フロモックス（100）　3T 　　　　ロキソニン錠　　　　3T 　　　　　　　　　　分3×5TD

処置伝票

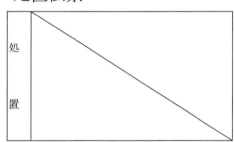

処置	

注射伝票

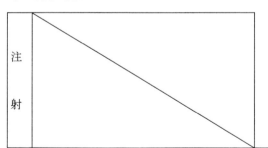

注射	

手術伝票

手術	右第2趾 ひょう疽手術（軟部組織のもの） 　キシロカイン注射液1%3mLV 　イソジン液5mL

画像診断

デジタル撮影	画像記録用				撮影回数	電画	薬　　剤
	半切	大角	大四	四切			
右足X－P					1	○	＊放射線科医の 　読影レポートあり

★外来会計伝票　　　令和 5 年 5 月 25 日

| 氏　名 | 石　川　真　由 | 生年月日 | H 6 年 8 月 17 日 | 受診科 | 外　科 |

診　　　察	○	医 学 管 理		在　　　宅		投　　　薬	
注　　　射		処　　　置	○	手　　　術		検　　　査	
画 像 診 断		理 学 療 法		精神科専門療法		その他（処方箋）	

医学管理料	特定疾患療養管理料		
	薬剤情報提供料		
	特定薬剤治療管理料		第一回測定日　　　年　　　月　　　日
	外来栄養食事指導料 1		

処方伝票

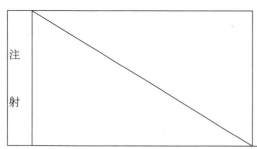

| 処方 | |

処置伝票

| 処置 | 創傷処置（5 cm²）
　ゲンタシン軟膏 2 g |

注射伝票

| 注射 | |

検査伝票

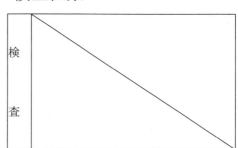

| 検査 | |

画像診断

デジタル撮影	画像記録用				撮影回数	電画	薬　　　剤
	半切	大角	大四	四切			

〈１回目〉診療録

〈１回目〉実技問題２診療録形式

診　療　録

*枝番の入力ができない機器は従来通り入力なしとする

第　　　号　　　　　　　　　　　　　　　　　　　　　　　　　内科・整形外科

公費負担者番号		保険者番号	3 3 1 3 0 0 3 0		
公費受給者番号		保険証の記号番号	警警視・051382（枝番00）		

受診者	フリガナ 氏 名	ヒラタ　コウスケ 平田　康介	男	有 効 期 限		年 月 日
	生年月日	昭和42年10月19日		資格取得日		年 月 日
	住 所	TEL　（　　）		事業所	所 在 地 名 称	
	被保険者 氏 名	平田　康介　続柄：本人		保険者	所 在 地 名 称	

傷　病　名	開　始	終　了	転　帰
１）慢性胃炎（主）	令和5年 5月 8日	年 月 日	治癒・死亡・中止
２）ヘリコバクターピロリ感染症	令和5年 5月15日	年 月 日	治癒・死亡・中止
３）右尺骨骨折	令和5年 5月24日	年 月 日	治癒・死亡・中止

既往症・原因・主要症状・経過等	処方・手術・処置等
令和5年 5／8 　内科 　以前より胃もたれが続いて、胸やけがする。 　今日は胃痛があり我慢できずに来院 　親が胃癌で自分も心配になっている。 　次回、胃カメラを予約。 5／15 　内科 　内視鏡の結果、がんの心配はなし 　胃内は慢性の炎症が見られるためHP検査 　ピロリ陽性にて除菌を予定 5／22 　内科 　ネキシウムは1週間飲めている 　今日からピロリの除菌を開始 5／24 　整形外科 　犬の散歩をしている時に転倒し右手を強打 　腫れがひどいため来院 　血腫があり切開を行う。 　亀裂骨折あり、しばらくシーネ固定すること 　ピロリの除菌中なので抗生剤の投与なし 　土手での転倒により破傷風の注射を行う	5／8 　検血　末梢血液一般、ＣＲＰ 　　　　ＴＰ、Ｔｃｈｏ、Ｎａ・Ｃｌ、Ｋ、 　　　　ＢＵＮ、クレアチニン、ＡＳＴ、ＡＬＴ 　　　　γ-ＧＴ、ＴＧ 　　　　（検査結果を当日に文書で説明） 5／15 　ＥＦ-胃・十二指腸 　　　キシロカインゼリー　5mL 　　　キシロカインビスカス　5mL 　　　ブスコパン注　1Ａ 　Ｔ-Ｍ（組織切片）（胃）・内視鏡下生検法 　迅速ウレアーゼ試験定性 　Ｒｐ．①ネキシウム(20)1Ｃ　×7ＴＤ 　　　　薬剤情報提供（文書）・手帳記載 5／22 　Ｒｐ．②ボノサップパック（400）1シート 　　　　　　　　　　　　　　×7ＴＤ 　　　　薬剤情報提供（文書）・手帳記載 5／24 　画像　右前腕Ｘ-Ｐ（撮影2回）電子画像管理 　　　　（放射線科医の読影レポートあり） 　手術　皮膚切開術（1ｃｍ） 　　　　キシロカイン注射液1%3mL 　処置　四肢ギプスシーネ（半肢） 　ｉＭ　沈降破傷風トキソイド0.5mL1瓶 　　　　（この注射は手術との関連はナシとする）

第55回医事コンピュータ技能検定試験(2023.6.17)

3級 試験問題③ 設問用紙

伝票形式

（注意）・この設問に答える前に必ず試験問題③の用紙を監督者に戻してください。

　　　　試験問題③用紙を見て答えた場合は無効になりますので、ご注意ください。

　　　・これは提出用ではありません。終了後、持ち帰ってください。

・打ち出されたレセプトをもとに、次の問いに対する正しい解答の番号を、マークシートに転記しなさい。

1．初診料と再診料の合計点数を選びなさい。（外来管理加算は含まないが時間外加算等は含む）
① 291点　② 300点　③ 375点　④ 591点　⑤ その他

2．外来管理加算の点数を選びなさい。
① 0点　② 52点　③ 104点　④ 156点　⑤ その他

3．医学管理料の合計点数を選びなさい。
① 28点　② 21点　③ 14点　④ 115点　⑤ その他

4．投薬料の合計点数を選びなさい。（薬剤料、調剤料、処方料、麻毒加算、調基の合計点数）
① 499点　② 485点　③ 555点　④ 499点　⑤ その他

5．注射料の合計点数を選びなさい。
① 108点　② 55点　③ 77点　④ 92点　⑤ その他

6．処置料と処置薬剤の合計点数を選びなさい。
① 883点　② 613点　③ 748点　④ 423点　⑤ その他

7．手術料と手術薬剤の合計点数を選びなさい。
① 1,194点　② 1,837点　③ 1,193点　④ 1,838点　⑤ その他

8．検査料の合計点数を選びなさい。（判断料、薬剤料、フィルム代を含む）
① 508点　② 459点　③ 548点　④ 499点　⑤ その他

9．画像診断料の合計点数を選びなさい。（フィルム代、薬剤料を含む）
① 168点　② 238点　③ 210点　④ 280点　⑤ その他

10．この問題の保険の種類を選びなさい。
① 共済組合　② 組合管掌　③ 協会けんぽ　④ 国民健康保険　⑤ 自衛官

3　級

診療録（これは提出用ではありません）

・打ち出されたレセプトをもとに、次の問いに対する正しい解答の番号を、マークシートに転記しなさい。

11. 初診料と再診料の合計点数を選びなさい。（外来管理加算は含まないが時間外加算等は含む）

 ①　　　２２５点　　②　　　７３２点　　③　　　３００点　　④　　　５１６点　　⑤　その他

12. 外来管理加算の点数を選びなさい。

 ①　　　　０点　　②　　　　５２点　　③　　　１０４点　　④　　　１５６点　　⑤　その他

13. 医学管理料の合計点数を選びなさい。

 ①　　　　８点　　②　　　１４点　　③　　　　７点　　④　　　１０１点　　⑤　その他

14. 投薬料の合計を選びなさい。（薬剤料、調剤料、処方料、麻毒加算、調基の合計点数）

 ①　　　２１８点　　②　　　５６８点　　③　　　４９８点　　④　　　５１２点　　⑤　その他

15. 注射料の合計点数を選びなさい。

 ①　　　１４６点　　②　　　１５８点　　③　　　１０６点　　④　　　１３１点　　⑤　その他

16. 処置料と処置薬剤の合計点数を選びなさい。

 ①　　　　５２点　　②　　　６０点　　③　　　７８０点　　④　１，２００点　　⑤　その他

17. 手術料と手術薬剤の合計点数を選びなさい。

 ①　　　５６３点　　②　　　６４６点　　③　　　５６４点　　④　　　６４３点　　⑤　その他

18. 検査料の合計点数を選びなさい。（判断料、薬剤料、フィルム代も含む）

 ①　３，１９５点　　②　３，１４５点　　③　３，１５５点　　④　３，１０５点　　⑤　その他

19. 画像診断料の合計点数を選びなさい。（フィルム代、薬剤料も含む）

 ①　　　２２４点　　②　　　２９４点　　③　　　２８７点　　④　　　３５７点　　⑤　その他

20. この保険の患者負担割合を選びなさい。

 ①　　　３割　　②　　　２割　　③　　　８割　　④　　　７割　　⑤　その他

第55回

③ 3 級 医事コンピュータ技能検定試験答案用紙②

学 校 名 (出身校)		在学（　）年生 既卒

フリガナ		
受験者氏名	(姓)	(名)

受 験 番 号
（最後に番号とマークをもう一度確認すること）

番号を記入しマークしてください。

①	①	①	①	①	①	①
②	②	②	②	②	②	②
③	③	③	③	③	③	③
④	④	④	④	④	④	④
⑤	⑤	⑤	⑤	⑤	⑤	⑤
⑥	⑥	⑥	⑥	⑥	⑥	⑥
⑦	⑦	⑦	⑦	⑦	⑦	⑦
⑧	⑧	⑧	⑧	⑧	⑧	⑧
⑨	⑨	⑨	⑨	⑨	⑨	⑨
⓪	⓪	⓪	⓪	⓪	⓪	⓪

級 区 分		答案種類		実技回数	
準1級	①	筆記	①	1回目	①
2級	②	実技	●	2回目	②
3級	●				

試験問題表紙の回数をマークしてください。
（マークが無い場合には採点できません）

（問1つに対し、2つ以上のマークをすると不正解となります。）

問	解 答 欄				
1	①	②	③	④	⑤
2	①	②	③	④	⑤
3	①	②	③	④	⑤
4	①	②	③	④	⑤
5	①	②	③	④	⑤
6	①	②	③	④	⑤
7	①	②	③	④	⑤
8	①	②	③	④	⑤
9	①	②	③	④	⑤
10	①	②	③	④	⑤
11	①	②	③	④	⑤
12	①	②	③	④	⑤
13	①	②	③	④	⑤
14	①	②	③	④	⑤
15	①	②	③	④	⑤
16	①	②	③	④	⑤
17	①	②	③	④	⑤
18	①	②	③	④	⑤
19	①	②	③	④	⑤
20	①	②	③	④	⑤

第 56 回（2023 年 11 月 18 日実施）

医事コンピュータ技能検定試験

3級

試験問題③

「実技（オペレーション）」　試験時間　60分

〈1 回目〉　→注）「実技（オペレーション）は、1回目～2回目のうち、試験時間帯によっていずれかが出題されますが、1回目のみを掲載しています。

（注意）　この試験問題③の用紙は、<u>入力が終了した時点</u>で、必ず監督者に<u>戻して</u>ください。

〈試験問題③実施手順〉

（マークシート②に学校名・氏名・受験番号を記入後）

1. 「始め」の合図で入力を開始する。（入力時間60分）

2. 「やめ」の合図で入力をやめる。

3. 監督者に速やかに、<u>この試験問題③の用紙を戻す</u>。

4. レセプトを打ち出し、右上あたりに学校名・氏名・受験番号を書く。

5. 監督者から、設問用紙を受け取る。

6. <u>打ち出したレセプトをもとに</u>、設問に対する答えをマークシート②に転記する。

7. 打ち出した レセプト と マークシート の2つを提出する。

一般社団法人
医療秘書教育全国協議会

【実技問題】　　2症例

次の問題を、コンピュータに入力し、打ち出されたレセプトから設問用紙に答えなさい。
"特にカルテに記載がなくても算定できるもの"に関しては算定すること。

　　　実技問題　　１．伝票形式
　　　実技問題　　２．カルテ形式

以上、1〜20 の設問用紙の答えをマークシートに記入し、マークシートとレセプトの両方を提出しなさい。

【施設の概要】

病床数	許可病床１００床の病院（うち一般病床：１００床）
診療時間	午前９時〜午後６時
休診日	日曜・祝日・12/29〜1/3
診療科	各問題の診療科を届出しているものとする
常　勤	薬剤師常勤（時間外等においても勤務しているものとする）

【届出状況・注意事項等】

初　　診 再　　診	「医療情報・システム基盤整備体制充実加算」については算定しないものとする。
投　　薬	全て院内処方とする
注　　射	Ａｑについては問題の記載通りとする
検　　査	**検体検査管理加算Ⅱ　届出**とする。 ＊当月初めての検査とする ＊細菌培養同定検査の結果は後日評価したものとする（紙面の都合上、検査当日算定とする）
画像診断	Ｘ−Ｐ：デジタル撮影 Ｃ　Ｔ：６４列以上マルチスライス（その他） ＭＲＩ：３テスラ以上（その他） 画像診断管理加算１及び２ ＊全て当月初めての撮影とする

〈1回目〉伝票

〈1回目〉実技問題1伝票形式〈3級〉

診 療 申 込 書

*枝番の入力ができない機器は従来通り入力なしとする

受診科	内科・整形外科		保険者番号	０１２２００１１
フリガナ	カヤマ　　アイカ	女	記 号 番 号	81152967・358 (枝番 01)
氏 名	香 山 愛 華		本 人 家 族	家 族
			被保険者氏名	香山 博一
生年月日	昭和51年 6 月 23日		資 格 取 得	昭・平　　年　　月　　日
住 所	〒	保険者	所在地	
電話番号			名 称	

傷 病 名	職務	開 始	終 了	転 帰
(1) 右腓骨骨折（主）	上 下	令和5年10月8日	令和 年 月 日	治癒 死亡 中止
(2) 細菌性腸炎	上 下	令和5年10月23日	令和 年 月 日	治癒 死亡 中止
(3) 接触皮膚炎	上 下	令和5年10月30日	令和 年 月 日	治癒 死亡 中止

★外 来 会 計 伝 票　　令和5年10月8日（日曜）

氏 名	香 山 愛 華	生年月日	S51年6月23日	受診科	整形外科
診 察	○	医 学 管 理	○	在 宅	投 薬 ○
注 射		処 置	○	手 術 ○	検 査 ○
画 像 診 断	○	理 学 療 法		精神科専門療法	そ の 他

医学管理等	特定疾患療養管理料		
	薬剤情報提供料	○	**お薬手帳に記載**
	特定薬剤治療管理料		第一回測定日　　年　　月　　日
	夜間休日救急搬送医学管理料		
	院内トリアージ実施料		

発行日　令和5年10月8日
緊急検査（13：40）実施

検査伝票

氏　名　香　山　愛　華

尿糞便等検査伝票	
○	尿中一般物質定性半定量検査
	糞便中ヘモグロビン定性

血液学的検査伝票

○	末梢血液一般		像（鏡検法）
	ESR		像（自動機械法）
	PT		網赤血球数
	出血時間		HbA1c

処方伝票

処方	Rp.　①ロキソニン（60）　3T 　　　　フロモックス（100）3T 　　　　ムコスタ錠（100）3T 　　　　　　　　　　分3×7TD

生化学（I）検査伝票

	T−BiL		グルコース
	D−BiL		LD
○	TP		アミラーゼ（血清）
○	BUN		LAP
○	クレアチニン		Alb（アルブミン）
	尿酸（UA）		CK
	ALP		Fe
	ChE		HDL−cho
○	γ−GT		T−cho
○	TG		LDL−cho
○	Na及びCl	○	AST
○	K	○	ALT
	Ca		蛋白分画測定
	Mg		Cu
			血液ガス分析

処置伝票

処置	四肢ギプスシーネ（下肢）

免疫学的検査伝票

	CRP定性
○	CRP
	HBs抗原定性・半定量
	HCV抗原定性・定量
	STS定性

手術伝票

手術	骨折非観血的整復術（右腓骨）

画像診断

デジタル撮影	画像記録用				撮影回数	電画	薬　剤
	半切	大角	大四	四切			
右腓骨X−P					2	○	＊健側・患側比較撮影 ＊緊急撮影（13：50）
左腓骨X−P					2		

〈1回目〉伝票

★外 来 会 計 伝 票　　令和 5 年 10 月 13 日

氏　　名	香 山 愛 華		生年月日	S 51 年 6 月 23 日	受診科	整形外科
診　　　　察	○	医 学 管 理		在　　　　宅		投　　　薬	○
注　　　　射		処　　　　置	○	手　　　術		検　　　査	
画 像 診 断		理 学 療 法		精神科専門療法		その他（処方箋）	

医学管理料	特定疾患療養管理料		
	薬剤情報提供料		
	特定薬剤治療管理料		第一回測定日　　　年　　　月　　　日
	外来栄養食事指導料		

処方伝票

処方	Rp. ①　　ｄｏ×7ＴＤ

処置伝票

処置	四肢ギプス包帯（右下肢）

注射伝票

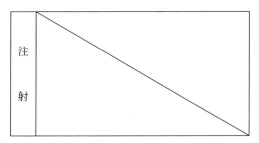

検査伝票

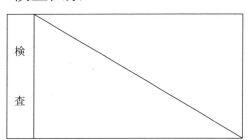

画像診断

デジタル撮影	画像記録用				撮影回数	電画	薬　　剤
	半切	大角	大四	四切			

★外来会計伝票　　　令和5年10月23日

氏　名	香山　愛華	生年月日	S51年6月23日	受診科	内　科
診　　　察 ○	医学管理 ○	在　　宅		投　薬 ○	
注　　　射 ○	処　　　置	手　　　術		検　査 ○	
画像診断	理学療法	精神科専門療法		その他（処方箋）	

医学管理料	特定疾患療養管理料		
	薬剤情報提供料	○	**お薬手帳に記載**
	特定薬剤治療管理料		第一回測定日　　　年　　　月　　　日
	外来栄養食事指導料		
	診療情報提供料（Ⅰ）		

処方伝票

処方	②ナウゼリン(10)　1T×5回分 ③ビオフェルミンR3T 　クラビット（250）3T 　　　　分3×7TD

処置伝票

処置	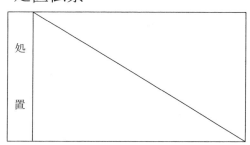

注射伝票

注射	点滴注射 　生理食塩液500mL　1袋 　セフメタゾン1g　　1瓶 　（Aqは使用しない）

検査伝票

検査	静脈採血 　末梢血液一般、CRP 糞便 　細菌培養同定検査

画像診断

デジタル撮影	画像記録用				撮影回数	電画	薬　剤
	半切	大角	大四	四切			

〈1回目〉伝票

★外来会計伝票　　令和 5 年 10 月 24 日

氏　名	香山　愛華	生年月日	S 51 年 6 月 23 日	受診科	内　科

診　　察	○	医 学 管 理		在　　宅		投　　薬	
注　　射	○	処　　置		手　　術		検　　査	
画 像 診 断		理 学 療 法		精神科専門療法		その他（処方箋）	

医学管理料	特定疾患療養管理料		
	薬剤情報提供料		
	特定薬剤治療管理料		第一回測定日　　　年　　　月　　　日
	外来栄養食事指導料		

処方伝票

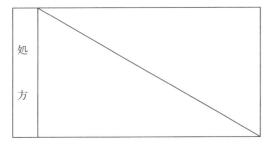

処方

処置伝票

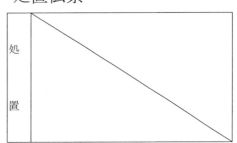

処置

注射伝票

注射　　点滴注射　do

検査伝票

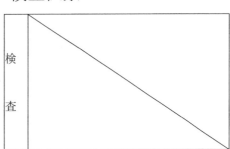

検査

画像診断

デジタル撮影	画像記録用				撮影回数	電画	薬　剤
	半切	大角	大四	四切			

★外来会計伝票　　令和 5 年 10 月 30 日

氏　名	香 山 愛 華	生年月日	S 51 年 6 月 23 日	受診科	整形外科
診　　察	○	医 学 管 理	○	在　　宅		投　　薬	○
注　　射		処　　置	○	手　　術		検　　査	
画 像 診 断		理 学 療 法		精神科専門療法		その他（処方箋）	

医学管理料	特定疾患療養管理料		
	薬剤情報提供料	○	**お薬手帳に記載**
	特定薬剤治療管理料		第一回測定日　　　年　　　月　　　日
	外来栄養食事指導料 1		

処方伝票

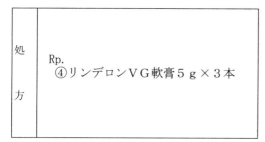

処方	Rp. ④リンデロンＶＧ軟膏５ｇ×３本

処置伝票

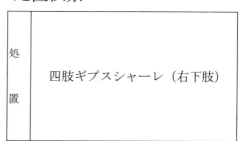

処置	四肢ギプスシャーレ（右下肢）

注射伝票

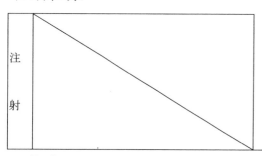

注射	

検査伝票

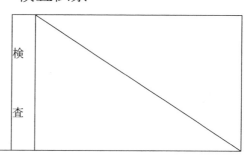

検査	

画像診断

デジタル撮影	画像記録用				撮影回数	電画	薬　　剤
	半切	大角	大四	四切			

〈1回目〉診療録

〈1回目〉実技問題2診療録形式

診　療　録

＊枝番の入力ができない機器は従来通り入力なしとする

内科・外科

第　　　号											

公費負担者番号						保　険　者　番　号	3 1 1 4 0 0 3 1
公費受給者番号						保険証の記号番号	国横・0187295（枝番01）

受診者	フリガナ 氏　名	シバムラ　ミサキ 柴 村 美 咲	女	有　効　期　限	年　　　月　　　日
	生年月日	昭和51年10月19日		資 格 取 得 日	年　　　月　　　日
	住　　　所	TEL　　（　　　）		事業所 / 所 在 地	
				名　　　称	
	被保険者 氏　名	柴村　広志　　続柄：家族		保険者 / 所 在 地	
				名　　　称	

傷　病　名	開　始	終　了	転　帰
1）B型慢性肝炎（主）	令和5年8月8日	年　月　日	治癒・死亡・中止
2）左第2指切創	令和5年10月23日	年　月　日	治癒・死亡・中止
3）	令和　年　月　日	年　月　日	治癒・死亡・中止

既往症・原因・主要症状・経過等	処方・手術・処置等
令和5年 10／3 　内科 　　特定疾患療養管理 　　（指導内容は別紙に記載とする） 　　外来栄養食事指導（2回目以降：対面） 　　管理栄養士より個別指導（30分） 　10／23 　外科 　　料理をしていて包丁で左手を切った 　　深いので止血しながら急いで来院 　10／24 　外科 　　創部は感染なし 　10／26 　外科 　　創部は経過良好。 　内科 　　特定疾患療養管理 　　（指導内容は別紙に記載とする） 　　CTの結果、著変なし 　　このまま内服薬・注射で治療継続とする	10／3 　検血　末梢血液一般、CRP 　　　　TP、Tcho、Na・Cl、K、 　　　　BUN、クレアチニン、AST、ALT 　　　　γ-GT、TG 　　　　HBe抗原 　　　　（検査結果を当日に文書で説明） 　超音波検査（断層）腹部：消化器領域 　iV　強力ネオミノファーゲンシーP20mL　1A 　Rp.　①バラクルード2T×30TD 　　　　　薬剤情報提供（文書）・手帳記載 10／23 　手術　創傷処理（2cm）筋肉臓器に達する 　　　　キシロカイン注射液1%　3mL 　　　　イソジン液　10mL 　Rp.　②セフカペンピボキシル塩酸塩錠「トーワ」(100) 　　　　　　　　　　　　　3T×5TD 　　　　　薬剤情報提供（文書）・手帳記載 10／24 　処置　創傷処置（1） 　　　　イソジン液1mL 　　　　ゲンタシン軟膏2g 10／26 　外科　創傷処置（1）do 　内科　腹部CT（64列以上）電子画像管理 　　　　（放射線科医の読影文書アリ）

第56回医事コンピュータ技能検定試験（2023.11.18）

3級　試験問題③　設問用紙

伝票形式

（注意）・この設問に答える前に必ず試験問題③の用紙を監督者に戻してください。

試験問題③用紙を見て答えた場合は無効になりますので、ご注意ください。

・これは提出用ではありません。終了後、持ち帰ってください。

・打ち出されたレセプトをもとに、次の問いに対する正しい解答の番号を、マークシートに転記しなさい。

1．初診料と再診料の合計点数を選びなさい。（外来管理加算は含まないが時間外加算等は含む）
　　① 　841点　　② 　591点　　③ 　375点　　④ 　565点　　⑤ その他

2．外来管理加算の点数を選びなさい。
　　① 　0点　　② 　52点　　③ 　104点　　④ 　156点　　⑤ その他

3．医学管理料の合計点数を選びなさい。
　　① 　12点　　② 　14点　　③ 　21点　　④ 　28点　　⑤ その他

4．投薬料の合計点数を選びなさい。（薬剤料、調剤料、処方料、麻毒加算、調基の合計点数）
　　① 　683点　　② 　669点　　③ 　681点　　④ 　545点　　⑤ その他

5．注射料の合計点数を選びなさい。
　　① 　136点　　② 　340点　　③ 　242点　　④ 　210点　　⑤ その他

6．処置料と処置薬剤の合計点数を選びなさい。
　　① 3，360点　　② 3，120点　　③ 2，640点　　④ 3，600点　　⑤ その他

7．手術料と手術薬剤の合計点数を選びなさい。
　　① 1，780点　　② 2，856点　　③ 3，672点　　④ 2，040点　　⑤ その他

8．検査料の合計点数を選びなさい。（判断料、薬剤料、フィルム代を含む）
　　① 1，082点　　② 1，282点　　③ 1，242点　　④ 1，042点　　⑤ その他

9．画像診断料の合計点数を選びなさい。（フィルム代、薬剤料を含む）
　　① 　335点　　② 　388点　　③ 　334点　　④ 　558点　　⑤ その他

10．この問題の保険の種類を選びなさい。
　　① 　共済組合　　② 　組合管掌　　③ 　協会けんぽ　　④ 国民健康保険　　⑤ 自衛官

3　級

診 療 録 （これは提出用ではありません）

・打ち出されたレセプトをもとに、次の問いに対する正しい解答の番号を、マークシートに転記しなさい。

11. 初診料と再診料の合計点数を選びなさい。（外来管理加算は含まないが時間外加算等は含む）
   ① 　　　375点　　② 　　　591点　　③ 　　　300点　　④ 　　　338点　　⑤ その他

12. 外来管理加算の点数を選びなさい。
   ① 　　　　0点　　② 　　　52点　　③ 　　　104点　　④ 　　　156点　　⑤ その他

13. 医学管理料の合計点数を選びなさい。
   ① 　　　388点　　② 　　　188点　　③ 　　　508点　　④ 　　　448点　　⑤ その他

14. 投薬料の合計を選びなさい。（薬剤料、調剤料、処方料、麻毒加算、調基の合計点数）
   ① 2,906点　　② 2,920点　　③ 2,962点　　④ 2,976点　　⑤ その他

15. 注射料の合計点数を選びなさい。
   ① 　　　49点　　② 　　　12点　　③ 　　　37点　　④ 　　　65点　　⑤ その他

16. 処置料と処置薬剤の合計点数を選びなさい。
   ① 　　　　0点　　② 　　　104点　　③ 　　　108点　　④ 　　　52点　　⑤ その他

17. 手術料と手術薬剤の合計点数を選びなさい。
   ① 1,404点　　② 1,403点　　③ 　　　530点　　④ 　　　533点　　⑤ その他

18. 検査料の合計点数を選びなさい。（判断料、薬剤料、フィルム代も含む）
   ① 1,221点　　② 1,261点　　③ 1,271点　　④ 1,311点　　⑤ その他

19. 画像診断料の合計点数を選びなさい。（フィルム代、薬剤料も含む）
   ① 1,745点　　② 1,570点　　③ 1,765点　　④ 1,625点　　⑤ その他

20. この保険の患者負担割合を選びなさい。
   ① 　　　3割　　② 　　　2割　　③ 　　　8割　　④ 　　　7割　　⑤ その他

3級 医事コンピュータ技能検定試験答案用紙②

学 校 名 (出身校)		在学（　）年生 既卒

フリガナ		
受験者氏名	(姓)	(名)

受 験 番 号
（最後に番号とマークをもう一度確認すること）

番号を記入しマークしてください。

①	①	①	①	①	①	①
②	②	②	②	②	②	②
③	③	③	③	③	③	③
④	④	④	④	④	④	④
⑤	⑤	⑤	⑤	⑤	⑤	⑤
⑥	⑥	⑥	⑥	⑥	⑥	⑥
⑦	⑦	⑦	⑦	⑦	⑦	⑦
⑧	⑧	⑧	⑧	⑧	⑧	⑧
⑨	⑨	⑨	⑨	⑨	⑨	⑨
⓪	⓪	⓪	⓪	⓪	⓪	⓪

級 区 分
準1級	①
2級	②
3級	●

答案種類
筆記	①
実技	●

実技回数
1回目	①
2回目	②

試験問題表紙の回数をマークしてください。
（マークが無い場合には採点できません）

（問1つに対し、2つ以上のマークをすると不正解となります。）

問	解 答 欄				
1	①	②	③	④	⑤
2	①	②	③	④	⑤
3	①	②	③	④	⑤
4	①	②	③	④	⑤
5	①	②	③	④	⑤
6	①	②	③	④	⑤
7	①	②	③	④	⑤
8	①	②	③	④	⑤
9	①	②	③	④	⑤
10	①	②	③	④	⑤
11	①	②	③	④	⑤
12	①	②	③	④	⑤
13	①	②	③	④	⑤
14	①	②	③	④	⑤
15	①	②	③	④	⑤
16	①	②	③	④	⑤
17	①	②	③	④	⑤
18	①	②	③	④	⑤
19	①	②	③	④	⑤
20	①	②	③	④	⑤

医事コンピュータ技能検定
問題集 3級② 第53回〜56回
「医療事務」
「実技（オペレーション）」

解答・解説編

第53回〜第56回の検定試験に出題されたカルテ・伝票の診療年月にかかわりなく、解説はすべて2024年6月1日現在の点数表と薬価基準により行われています。

※解答・解説部分は、必要に応じて本編より引き離してご利用ください。

第53回試験問題　解答・解説

[医療事務]

（問 1 つに対し、2 つ以上マークをすると不正解となります。）

問	解答欄	問	解答欄
1	① ● ③	26	① ② ③
2	① ● ③	27	① ② ③
3	● ② ③	28	① ② ③
4	① ● ③	29	① ② ③
5	● ② ③	30	① ② ③
6	① ② ●	31	① ② ③
7	① ● ③	32	① ② ③
8	① ● ③	33	① ② ③
9	① ② ●	34	① ② ③
10	① ● ③	35	① ② ③
11	① ● ③	36	① ② ③
12	① ② ●	37	① ② ③
13	① ● ③	38	① ② ③
14	① ② ●	39	① ② ③
15	① ② ●	40	① ② ③
16	① ● ③	41	① ② ③
17	● ② ③	42	① ② ③
18	● ② ③	43	① ② ③
19	● ② ③	44	① ② ③
20	① ● ③	45	① ② ③
21	① ② ③	46	① ② ③
22	① ② ③	47	① ② ③
23	① ② ③	48	① ② ③
24	① ② ③	49	① ② ③
25	① ② ③	50	① ② ③

※ 2 については、第 53 回検定実施当時の正答となります。

<解説>

1　②　＜国民健康保険法＞
＜高齢者の医療の確保に関する法律＞
①については、後期高齢者医療制度の対象者は、75 歳以上の人及び 65 歳以上 74 歳以下で寝たきり等一定の障害があると認定を受けた人となる。
＜医療法＞
③については、病院の開設、臨床研修修了医師でない者による診療所の開設の場合は、開設地の都道府県知事等の許可を受けなければならない。

2　①については、6 歳に達する日以後の最初の 3 月 31 日の翌日以後、一部負担金割合は 3 割である。
＜健康保険法第 110 条＞
②については令和 4 年 10 月より、後期高齢者の一部負担金割合に 2 割（一定所得以上）の区分が追加となった。従って現在 75 歳以上の後期高齢者の一部負担割合は、1 割、2 割、3 割の 3 区分となる。
＜国民健康保険法＞
③については、国民健康保険被保険者資格証明書を提示した患者の窓口負担割合は 10 割である。

③ ①　＜医科診療報酬点数表＞
②については、航空自衛隊の自衛官の被保険者は、［07］だが、被扶養者は［31］である。
③については、［39］は 75 歳以上の人及び 65 歳以上 74 歳以下で寝たきり等一定の障害があると認定を受けた人となる。
＜B 000　特定疾患療養管理料＞

④ ②　当該初診の日から 1 月以内に行った管理の費用は、初診料に含まれるものとする。
⑤ ①　初診料を算定した初診の日又は当該保険医療機関から退院した日からそれぞれ起算して
⑥ ③　1 か月を経過した日が翌々月の 1 日となる場合であって、初診料を算定した初診の日又は
⑦ ②　退院の日が属する月の翌月の末日に必要な管理を行った場合には、その日に算定できる。
⑧ ②　＜第 9 部　処置　通則＞
①については、処置の費用が別に算定できない場合であっても、薬剤を使用した場合は薬剤料を算定できる。なお、第 1 度熱傷であっても、100cm² 以上の範囲の場合は、処置料も算定可。
③については、休日加算 1 の算定は、施設基準適合届出医療機関において、処置の点数が 1,000 点以上の場合のため、創傷処置（500cm² 以上 3000cm² 未満）（90 点）の場合は算定できない。
⑨ ③　＜JF000　調剤料＞
①については、トローチは外用薬として、投薬に係る費用を算定する。
②については、うがい薬のみの投薬であっても、治療を目的とする場合は、調剤料や処方料等投薬に関する項目を算定できる。
＜第 5 部　投薬　通則＞
⑩ ②　＜B001　特定薬剤治療管理料＞
①については、テオフィリン製剤は、気管支喘息等が対象となる。
③については、リチウム製剤は、躁うつ病が対象となる。
⑪ ②　＜A 001　再診料　注 8　外来管理加算＞
①については、外来管理加算算定不可の処置（マッサージ、介達牽引）を実施しているため、算定不可である。
③については、外来管理加算算定不可の厚生労働大臣が定める検査（超音波検査）を実施しているため、算定不可である。
＜告示 ④　特掲診療料の施設基準等　ニコチン依存症管理料の施設基準＞
⑫ ③　禁煙治療の経験を有する医師が 1 名以上勤務している。なお、当該医師の診療科を問わない。
⑬ ②　禁煙治療に係る専任の看護師又は准看護師を 1 名以上配置している。
⑭ ③
＜告示 ④　特掲診療料の施設基準等　抗悪性腫瘍剤の施設基準＞
⑮ ③　①については、許可病床が 200 床以上の病院である。
②については、化学療法の経験を 5 年以上有する専任の常勤医師が 1 名以上勤務している。
⑯ ②　＜省令　保険医療機関及び保険医療養担当規則＞
①については、処方箋の使用期間は、交付の日を含めて 4 日以内である。
③については、健康診断は、療養の給付の対象として行ってはならない。
⑰ ①　＜告示 ④ 別表 9 の 5　脳血管疾患別リハビリテーション料の対象患者＞
②については、呼吸器リハビリテーション料や別表 9 の 8 疾患別リハビリテーション料の算定日数上限除外の対象患者である。
③については、別表 9 の 8 疾患別リハビリテーション料の算定日数上限除外の対象患者である。
⑱ ①　＜告示 ④ 別表第 1　特定疾患療養管理料の対象疾患＞
②については、皮膚科特定疾患指導管理料（Ⅰ）の対象疾患である。
⑲ ①　＜告示 ④　特掲診療料の施設基準等　院内トリアージ実施料の施設基準＞
②については、専任の医師又は救急医療に関する 3 年以上の経験を有する専任の看護師が配置されている。
③については、夜間休日診療所に限らず、施設基準を満たす保険医療機関であれば、届出可能である。
⑳ ②　＜診療報酬請求書・明細書の記載要領 別紙Ⅰ　ク「処置」欄について＞
①については、対称器官の両側に対し処置（ともに片側の点数が告示されている者に限る）を行った場合は、左右別にそれぞれ処置名と回数及び点数を記載する。
③については、処置の新生児・乳児・乳幼児（6 歳未満）加算を算定した場合は、加算して得た点数を「点数」欄に記載し、「摘要」欄への名称を記載する。

[実技（オペレーション＜１回目＞）]

実技問題２伝票形式（中井　綾香）

診療報酬明細書（医科入院外）1社保　令和　4年　5月分　県番

医コ	1医科 1社国 1単独 6家外	

保険	0 6 2 6 0 0 1 2
記号・番号	7712 ・238 （枝番）01

	公費①		公受①	
	公費②		公受②	

氏名	ナカイ アヤカ 中井　綾香 2女　平成 6年 8月 17日 生	特記事項	保険医療機関の所在地及び名称	（　100床）
職務上の事由				

傷病名	(1)(主病名)胆のう結石症 (2)右第２趾ひょう疽	診療開始日	(1) 令和 4. 4.18 (2) 令和 4. 5.26	転帰	診療実日数	保	5 日
						①	日
						②	日

11	初　　診		回	
12 再診	再　　診	75 × 5 回	375	
	外来管理加算	52 × 2 回	104	
	時　間　外	× 回		
	休　　日	× 回		
	深　　夜	× 回		
13	医 学 管 理		21	
14 在宅	往　　診	回		
	夜　　間	回		
	深夜・緊急	回		
	在宅患者訪問診療	回		
	そ　の　他			
	薬　　剤			
20 投薬	21 内服薬剤	33 単	327	
	内服調剤	11 × 4 回	44	
	22 屯服薬剤	2 単	2	
	23 外用薬剤	単		
	外用調剤	× 回		
	25 処　方	42 × 4 回	168	
	26 麻　毒	回		
	27 調　基		14	
30 注射	31 皮下筋肉内	2 回	31	
	32 静　脈　内	回		
	33 その他	回		
40 処置	処　　置	1 回	52	
	薬　　剤		2	
50 手	手術・麻酔	1 回	1190	
	薬　　剤		3	
60 検	検　　査	8 回	1025	
	薬　　剤			
70 画	画 像 診 断	4 回	754	
	薬　　剤		443	
80 他	処　方　箋	回		
	そ　の　他			
	薬　　剤			

(12)	*再診料	75×5
	*外来管理加算	52×2
(13)	*薬剤情報提供料	4×3
	手帳記載加算（薬剤情報提供料）	3×3
(21)	*ウルソ錠50mg 3錠	
	チノカプセル125 125mg 3カプセル	9×28
	*フロモックス錠100mg 3錠	
	ロキソニン錠60mg 3錠	15×5
	*調剤料（内服薬・浸煎薬・屯服薬）	11×4
(22)	*ブスコパン錠10mg 1錠	1×2
(25)	*処方料（その他）	42×4
(27)	*調基（その他）	14×1
(31)	*皮内、皮下及び筋肉内注射	25×1
	ブスコパン注20mg 2%1mL 1管	6×1
(40)	*創傷処置（１００cm2未満）	52×1
	ゲンタシン軟膏0.1% 1mg 2g	2×1
(50)	*手術　26日	
	ひょう疽手術（軟部組織）　1指	1190×1
	キシロカイン注射液1% 3mL V	3×1
(60)	*尿一般	26×1
	*末梢血液一般検査	21×1
	*B-V	40×1
	*TP,γ-GT,TG,ナトリウム及びクロール, カリウム,Tcho,HDL-コレステロール, AST,ALT	99×1
	*超音波検査（断層撮影法）（胸腹部） 超音波検査（断層撮影法）（胸腹部）：ア 消化器領域	530×1
	*検体検査管理加算（１）	40×1
	*血液学的検査判断料	125×1
	*生化学的検査（１）判断料	144×1
	（以下　続く）	

療養の給付	保険	請　　求 点 4,555	※	決　　定 点	一 部 負 担 金 円	
	①					
	②				※高額 円 ※公 点 ※公 点	

4

(70)	*胆のう	
	造影剤使用撮影の写真診断 4枚	
	造影剤使用撮影（デジタル撮影）　4枚	565×1
	造影剤注入手技（点滴注射）（その他）	
	（入院外）	53×1
	電子画像管理加算（造影剤使用撮影）	66×1
	ビリスコピン点滴静注50 10.55%100mL 1瓶	443×1
	*画像診断管理加算1（写真診断）	70×1

＜解説＞　伝票形式

患者氏名　　中井　綾香

保険者番号　　06260012（組合管掌健康保険）

（問1つに対し、2つ以上マークをすると不正解となります。）

問	解　答　欄				
1	①	●	③	④	⑤
2	①	②	●	④	⑤
3	①	②	●	④	⑤
4	●	②	③	④	⑤
5	①	②	③	●	⑤
6	●	②	③	④	⑤
7	①	②	③	④	●
8	①	②	③	●	⑤
9	①	②	●	④	⑤
10	①	●	③	④	⑤
11	●	②	③	④	⑤
12	●	②	③	④	⑤
13	①	②	③	●	⑤
14	①	②	●	④	⑤
15	●	②	③	④	⑤
16	①	●	③	④	⑤
17	①	②	③	●	⑤
18	①	②	③	●	⑤
19	●	②	③	④	⑤
20	●	②	③	④	⑤

【令和 4 年 5 月 9 日】

診療区分	内　　容	点　数
基本診療料	再診料	75 点
	外来管理加算	52 点
医学管理等	薬剤情報提供料	4 点
	手帳記載加算	3 点
投薬料	Rp. ①ウルソ（50）3T（9.0 円） 　　チノカプセル　3C（22.4 円） 　　　　　　　　合計 104.7 円× 14TD	9 点× 14
	内用調剤料	11 点
	処方料	42 点
	調剤技術基本料（月 1 回）	14 点
検査料	尿一般	26 点
	末梢血液一般検査	21 点
	＊血液学的検査判断料	125 点
	TP、γ -GT、TG、Na 及び Cl、K、 HDL-cho、T-cho、AST、ALT（9 項目） （HDL-cho、T-cho、LDL-cho はいずれか 2 項目のみ算定）	99 点
	＊生化学的検査（Ⅰ）判断料	144 点
	検体検査管理加算（Ⅰ）＊外来なのでⅠで算定する	40 点
	B-V	40 点
画像診断	胆のう造影 X-P（撮影回数 4 回）電画	
	造影剤使用撮影料＋診断料（4 回）	565 点
	電子画像管理加算（造影剤使用）	66 点
	造影剤注入手技（点滴注入 500mL 未満）	53 点
	ビリスコピン点滴静注 100mL1 瓶（4427 円）	443 点
	画像診断管理加算 1（写真診断）	70 点
合　計		2,019 点

【令和 4 年 5 月 20 日】

診療区分	内　　容	点　数
基本診療料	再診料 ＊外来管理加算は超音波検査があるため算定できない	75 点
投薬料	Rp. ① do × 14TD	9 点× 14
	内用調剤料	11 点
	処方料	42 点
検査料	超音波検査（断層撮影法）腹部	530 点
合　計		784 点

【令和 4 年 5 月 23 日】

診療区分	内　　容	点　数
基本診療料	再診料	75 点
	外来管理加算	52 点
医学管理等	薬剤情報提供料	4 点
	手帳記載加算	3 点
投薬料	Rp. ②ブスコパン 1T（5.9 円）× 2 回分	1 点× 2
	内用調剤料	11 点
	処方料	42 点
注射料	iM（皮下筋肉内注射）	25 点
	ブスコパン 1A（59 円）	6 点
合　計		220 点

【令和 4 年 5 月 26 日】

診療区分	内　　容	点　数
基本診療料	再診料 ＊外来管理加算は手術があるため算定できない。	75 点
医学管理等	薬剤情報提供料	4 点
	手帳記載加算	3 点
投薬料	Rp. ③フロモックス錠(100)3T　（41.1 円） 　　　　ロキソニン錠 3T（10.1 円） 　合計 153.6 円× 5TD	15 点× 5
	内用調剤料	11 点
	処方料	42 点
手術料	右第 2 趾 ひょう疽手術（軟部組織のもの）：第 2 趾のみなので「1 指」	1190 点
	キシロカイン注射液 1%3mLV（11.0 円／ mL） 　　　　　　11.0 円× 3mL ＝ 33.0 円	3 点
	＊イソジン液は手術なので算定できない	
合　計		1,403 点

【令和 4 年 5 月 27 日】

診療区分	内　　容	点　数
基本診療料	再診料 ＊外来管理加算は処置があるため算定できない。	75 点
処置料	創傷処置（5 ㎠）	52 点
	ゲンタシン軟膏 2g（11.0 円／ g）　11.0 円× 2g ＝ 22.0 円	2 点
合　計		129 点

実技問題２診療録形式（島村　和真）

診療報酬明細書（医科入院外）1社保　令和　4 年　5 月分　県番　　医コ　　　| 1医科 | 1社国 | 1単独 | 2本外 |

保険　**３１２５０００１２**

記号・番号　公大津・１１２７６２　（枝番）00

公費①		公受①	
公費②		公受②	

	特記事項	保険医療機関の所在地及び名称	
氏名	シマムラ カズマ 島村　和真 1男　昭和 56 年 11 月　3日　生		
職務上の事由			（　100 床）

傷病名
(1)（主病名）高血圧症
(2)右下肢第２度熱傷
(3)右膝第３度熱傷

診療開始日	転帰	診療実日数	保	4 日
(1)令和 4. 2. 7		①		日
(2)令和 4. 5. 5		②		日
(3)令和 4. 5. 7				

11	初　診			回			
12 再 診	再　　診	×	5	回	338		
	外来管理加算	×		回			
	時　間　外	×		回			
	休　　日	190 ×	1	回	190		
	深　　夜	×		回			
13	医学管理				347		
14 在 宅	往　　診			回			
	夜　　間			回			
	深夜・緊急			回			
	在宅患者訪問診療			回			
	その他						
	薬　剤						
20 投 薬	21 内服薬剤		33	単	189		
	内服調剤	11 ×	2	回	22		
	22 屯服薬剤			単			
	23 外用薬剤		1	単	27		
	外用調剤	8 ×	1	回	8		
	25 処　方	42 ×	2	回	84		
	26 麻　毒			回			
	27 調　基				14		
30 注 射	31 皮下筋肉内			回			
	32 静　脈　内		2	回	72		
	33 その他			回			
40 処 置	処　　置		3	回	1281		
	薬　　剤				69		
50 手	手術・麻酔		1	回	640		
	薬　　剤				5		
60 検	検　　査		8	回	549		
	薬　　剤						
70 画	画像診断		3	回	357		
	薬　　剤						
80 他	処　方　箋			回			
	その他						
	薬　　剤						

(12) ＊再診料　　　　　　　　　　　　　　　75×1
　　休日加算（再診）（入院外）　　　　190×1
　　＊再診料　　　　　　　　　　　　　　75×3
　　＊再診料（同一日複数科受診時の２科目）
　　　２つ目の診療科（再診料）；皮膚科　　38×1
(13) ＊薬剤情報提供料　　　　　　　　　　　4×2
　　手帳記載加算（薬剤情報提供料）　　　3×2
　　＊生活習慣病管理料２　　　　　　　333×1
(21) ＊セフゾンカプセル100mg　3カプセル
　　ロキソプロフェンNa錠60mg「サワイ」3錠　21×5
　　アムロジンOD錠2.5mg 2錠　　　　　　3×28
　　＊調剤料（内服薬・浸煎薬・屯服薬）　11×2
(23) ＊ゲンタシン軟膏0.1% 1mg 25ｇ　　27×1
　　＊調剤料（外用薬）　　　　　　　　　8×1
(25) ＊処方料（その他）　　　　　　　　42×2
(27) ＊調基（その他）　　　　　　　　　14×1
(32) ＊静脈内注射　　　　　　　　　　　37×1
　　セファメジンα注射用1g 1瓶　　　　35×1
(40) ＊初回年月日（熱傷処置）：令和　4 年　5 月　5 日
　　熱傷処置（５００cm2以上３０００cm2未満）
　　休日加算２（イに該当を除く）（処置）607×1
　　白色ワセリン「ケンエー」50ｇ
　　ゲンタシン軟膏0.1% 1mg 10ｇ　　　23×1
　　＊熱傷処置
　　　（５００cm2以上３０００cm2未満）337×2
　　白色ワセリン「ケンエー」50ｇ
　　ゲンタシン軟膏0.1% 1mg 10ｇ　　　23×2
(50) ＊手術　　 7 日
　　皮膚切開術（長径１０cm未満）　　640×1
　　キシロカイン注射液1% 5mL V　　　　5×1
(60) ＊尿一般　　　　　　　　　　　　　26×1
　　＊末梢血液一般検査　　　　　　　　21×1
　　＊B－V　　　　　　　　　　　　　40×1
　　＊ＴＰ，Ｔcho，ナトリウム及びクロール，
　　カリウム，ＢＵＮ，クレアチニン，ＡＳＴ，ＡＬＴ，
　　ＴＧ，γ－ＧＴ　　　　　　　　　103×1
　　＊外来迅速検体検査加算 5項目　　　50×1
　　　　　　　　　（以下　続く）

療養の給付	保険	請　　求　　点 ※	決　　定　　点	一部負担金　円
		4,192		
	①			
	②			※高額　　円　※公　点　※公　　点

(60)	*検体検査管理加算（1）	40×1
	*血液学的検査判断料	125×1
	*生化学的検査（1）判断料	144×1
(70)	*撮影部位（単純撮影）：胸部（肩を除く）	
	単純撮影（イ）の写真診断 2枚	
	単純撮影（デジタル撮影） 2枚	230×1
	電子画像管理加算（単純撮影）	57×1
	*画像診断管理加算1（写真診断）	70×1

＜解説＞　診療録形式

患者氏名　　島村　和真

保険者番号　　31250012（共済組合健康保険）

【令和4年5月5日】

診療区分	内　　容	点　数
基本診療料	再診料	75点
	休日加算	190点
	*外来管理加算は処置があるので算定できない	
医学管理等	薬剤情報提供料	4点
	手帳記載加算	3点
投薬料	Rp. ①セフゾンカプセル（100）3C（59.7円） 　　ロキソプロフェンNa「サワイ」60mg3T（9.8円） 　　　合計208.5円×5TD 　②ゲンタシン軟膏5g（11.0円／g）×5本（25gで入力する）	21点×5 27点×1
	内用調剤料	11点
	外用調剤料	8点
	処方料	42点
	調剤技術基本料（月1回）	14点
処置料	熱傷処置（700㎠）右下肢 　　　337点×1.8（休日加算）＝607点（四捨五入） 処置薬剤 　　白色ワセリン「ケンエー」50g（2.43円/g） 　　ゲンタシン軟膏10g（11.0円/g） 　　　　　　合計（231.5円）	607点 23点
合　計		1,109点

【令和4年5月6日】

診療区分	内　　容	点　数
基本診療料	再診料 ＊外来管理加算は処置があるので算定できない	75点
注射料	iV（静脈内注射手技料） セファメジンα注射用 1g1V（346円）	37点 35点
処置料	熱傷処置 do（5日の処置より休日加算を外す） （処置薬剤も do）	337点 23点
合　計		507点

【令和4年5月7日】

診療区分	内　　容	点　数
基本診療料	再診料 ＊外来管理加算は手術があるので算定できない	75点
手術料	皮膚切開術（5cm） キシロカイン注射液 1%5mLV（11.0円/mL） 　　11.0円×5mL＝55.0円 ＊イソジン液 5mL（外皮用殺菌剤なので算定しない）	640点 5点
合　計		720点

【令和4年5月9日】

診療区分	内　　容	点　数
基本診療料	再診料 ＊外来管理加算は処置があるため算定できない 同一日複数科再診（皮膚科）	75点 38点
医学管理等	生活習慣病管理料2 薬剤情報提供料 手帳記載加算	333点 4点 3点
投薬料	Rp. アムロジン OD（2.5）2T（13.1円） 　　合計26.2円×28TD 内用調剤料 処方料	3点×28 11点 42点
処置料	熱傷処置 do （処置薬剤も do）	337点 23点
検査料	尿一般 末梢血液一般検査 　＊血液学的検査判断料 TP、Tcho、Na・Cl、K、BUN、クレアチニン、AST、ALT TG、γ-GT（10項目） 　＊生化学的検査（I）判断料 検体検査管理加算（I）　＊外来なのでIで算定する B-V 外来迅速検体検査加算（5項目）	26点 21点 125点 103点 144点 40点 40点 50点
画像診断	胸部 X-P（撮影2回）電子画像管理 　撮影料・診断料（2回分） 　電子画像管理加算 画像診断管理加算1（写真診断）	 230点 57点 70点
合　計		1,856点

第54回試験問題　解答・解説

「医療事務」
「実技（オペレーション）」

[医療事務]

（問 1 つに対し、2 つ以上マークをすると不正解となります。）

問	解　答　欄	問	解　答　欄
1	① ● ③	26	① ② ③
2	① ② ●	27	① ② ③
3	① ② ●	28	① ② ③
4	① ② ●	29	① ② ③
5	● ② ③	30	① ② ③
6	① ● ③	31	① ② ③
7	① ● ③	32	① ② ③
8	① ● ③	33	① ② ③
9	● ② ③	34	① ② ③
10	① ② ●	35	① ② ③
11	● ② ③	36	① ② ③
12	● ② ③	37	① ② ③
13	● ② ③	38	① ② ③
14	① ② ●	39	① ② ③
15	● ② ③	40	① ② ③
16	① ② ●	41	① ② ③
17	① ② ●	42	① ② ③
18	① ● ③	43	① ② ③
19	① ② ●	44	① ② ③
20	● ② ③	45	① ② ③
21	① ② ③	46	① ② ③
22	① ② ③	47	① ② ③
23	① ② ③	48	① ② ③
24	① ② ③	49	① ② ③
25	① ② ③	50	① ② ③

※ ⑨ については、第 54 回検定実施当時の正答となります。

<解説>

① ②　＜高齢者の医療の確保に関する法律＞
＜社会保険医療協議会法第 2 条＞
①については、厚生労働大臣が中央社会保険医療協議会に諮問し、その意見を聞いて決定する。
＜国民健康保険法＞
③については、国民健康保険のレセプトは、国民健康保険団体連合会に提出する。

② ③　＜健康保険法第 110 条＞
①については、75 歳以上の現役並み所得者については、3 割負担である。＜高齢者の医療の確保に関する法律第 67 条＞
＜国民健康保険法＞
②については、一部負担金で 10 円未満の端数は四捨五入し、10 円単位で徴収する。＜健康保険法第 74 条＞

③ ③　＜ギプス通則 1　J122 四肢ギプス包帯＞

上肢、下肢（片側）1,200点×20/100＝240点となる。

①については、入院中の患者以外の患者に算定可能となる処置のため、算定不可。

②については、主たる療法の所定点数のみの算定のため、35点となる。

4　③　＜B001‐3‐2　ニコチン依存症管理料＞

5　①にわたり、計5回の禁煙治療を行った場合に算定する。

6　②　初回算定日から起算して1年を超えた日からでなければ、再度算定することはできない。

7　②　＜第8部　精神科専門療法　通則＞

③については、アルツハイマー病は、第8部において、精神疾患に該当する疾病である。

＜第2章　特掲診療料　通則＞

①については、日曜日から土曜日までの1週間又は月の初日から月の末日までの1か月を単位として算定する。

8　②　＜第1部　初・再診料　通則＞

①については、検査の結果のみを聞きに来た場合は、当該初診料等に含まれ、別に算定できない。

③については、再診料は、診療所又は一般病床200床未満の病院において再診の都度算定できる。

9　＜F100・F400　特定疾患処方管理加算＞

②については、初診料を算定した初診の日においても算定できる。

①と③については、令和6年診療報酬改定に伴い、加算は56点のみとなった。

10　③　＜第2章　特掲診療料　通則＞

①②については、特定疾患療養管理料と同一月に併算定不可である。

11　①　＜D001.8＞

②③については、D009　腫瘍マーカーで、悪性腫瘍の患者であることが強く疑われる者に対して行った場合に、悪性腫瘍の診断の確定又は転帰の決定までの間に1回を限度として算定する。

12　①　＜第9部　処置　通則＞

②と③については、両側実施でそれぞれ片側ずつの算定となるので、それぞれ②124点　③240点となる。

13　①　＜N000　病理組織標本作成＞

14　③　「1」の「組織切片によるもの」について、食道及び胃については1臓器として算定する。4以上の標本作成。

15　①を行った場合は、3臓器を限度として算定する。リンパ節については所属リンパ節ごとに1臓器として数える。

16　③　＜告示4　特掲診療料の施設基準等　検体検査管理加算の施設基準＞

①については、当該保険医療機関内で常時実施できる緊急検査に、S‐M（その他）は含まれる。

②については、臨床検査を専ら担当する常勤の医師が1名以上が配置されている。

17　③　＜告示3　基本診療料の施設基準等　外来感染対策向上加算の施設基準＞

①については、診療所である。

①については、院内感染管理者により、職員を対象として、少なくとも年2回程度、定期的に院内感染対策に関する研修を行う。

18　②　＜告示4　特掲診療料の施設基準等　脳波検査判断料1の施設基準＞

①については、脳波診断に係る診療の経験を5年以上有する常勤の医師が1名以上配置されている。

③については、MRI装置を有していることが施設基準要件であるが、保険医療機関との連携体制により整備されている場合は、この限りではない。

19　③　＜B001.27　糖尿病透析予防指導管理料＞

①については、糖尿病及び糖尿病性腎症の予防指導に従事した経験を5年以上有する者である。

②については、糖尿病及び糖尿病性腎症の予防指導に従事した経験を2年以上有し、かつ、この間に通算1,000時間以上糖尿病患者の療養指導を行った者であって、適切な研修を修了した者である。

20　①　＜診療報酬請求書・明細書の記載要領について＞

②については、当該月の動脈血酸素分圧又は動脈血酸素飽和度を記載すること。

③については、胃瘻造設年月日及び初回算定年月日を記載すること。

実技問題2伝票形式（近藤　愛梨）

診療報酬明細書（医科入院外）1社保　令和 4 年 10月分　県番　　医コ　　1医科　1社国　1単独　6家外

保険　0 1 1 3 0 0 1 2

記号・番号　15728993・278　（枝番）01

	氏名	コンドウ アイリ　近藤 愛梨	特記事項	保険医療機関の所在地及び名称

2女　昭和 58年 6月 12日　生　（100床）

職務上の事由

傷病名
(1)（主病名）狭心症
(2) 心臓弁膜症
(3) 右手関節ガングリオン

診療開始日 (1) 令和 2. 4.18　(2) 令和 4.10. 7　(3) 令和 4.10.20

転帰　診療実日数 保 5 日

11	初　診		回	
12再診	再　診	75 × 5 回	375	
	外来管理加算	52 × 1 回	52	
	時　間　外	× 回		
	休　日	× 回		
	深　夜	× 回		
13	医学管理		202	
14在宅	往　診	回		
	夜　間	回		
	深夜・緊急	回		
	在宅患者訪問診療	回		
	その他			
	薬剤			
20投薬	21 内服薬剤	33 単	256	
	内服調剤	11 × 3 回	33	
	22 屯服薬剤	5 単	5	
	23 外用薬剤	1 単	23	
	外用調剤	8 × 1 回	8	
	25 処方	× 4 回	224	
	26 麻毒	回		
	27 調基		14	
30注射	31 皮下筋肉内	回		
	32 静脈内	回		
	33 その他	1 回	49	
40処置	処置	2 回	132	
	薬剤			
50手	手術・麻酔	1 回	3050	
	薬剤		3	
60検	検査	9 回	5375	
	薬剤			
70画	画像診断	3 回	405	
	薬剤			
80他	処方箋	回		
	その他			
	薬剤			

(12) *再診料　75×5
*外来管理加算　52×1
(13) *特定疾患療養管理料（100床以上200床未満）　87×2
*薬剤情報提供料　4×4
手帳記載加算（薬剤情報提供料）　3×4
(21) *ヘルベッサーRカプセル100mg 2カプセル
ノルバスクOD錠5mg 2錠　7×28
*セファレキシンカプセル250mg「トーワ」3カプセル
ムコスタ錠100mg 3錠　12×5
*調剤料（内服薬・浸煎薬・屯服薬）　11×3
(22) *ロキソニン錠60mg 1錠　1×5
(23) *ニトロダームTTS25mg 10cm2 5枚　23×1
*調剤料（外用薬）　8×1
(25) *処方料（その他）　42×4
*特定疾患処方管理加算（処方料）　56×1
(27) *調基（その他）　14×1
(33) *セファゾリンNa注射用1g「NP」1瓶
生理食塩液 100mL 1瓶　49×1
(40) *ガングリオン穿刺術　80×1
*創傷処置（100cm2未満）　52×1
(50) *手術　21日
ガングリオン摘出術（手）　3050×1
キシロカイン注射液1% 3mL V　3×1
(60) *尿一般　26×1
*末梢血液一般検査　21×1
*B－V　40×1
*TP,γ－GT,TG,ナトリウム及びクロール,カリウム,HDL－コレステロール,Tcho,AST,ALT　99×1
*超音波検査（心臓超音波検査）（経胸壁心エコー法）　880×1
*心カテ（左心）　4000×1
*検体検査管理加算（1）　40×1
*血液学的検査判断料　125×1
*生化学的検査（1）判断料　144×1

（以下　続く）

療養の給付　保険　請求点　10,206　※決定点　一部負担金円

※高額　円　※公点　※公点

13

(70)	*撮影部位（単純撮影）：手関節＿；両	
	単純撮影（ロ）の写真診断 4枚	
	単純撮影（デジタル撮影） 4枚	278×1
	電子画像管理加算（単純撮影）	57×1
	*画像診断管理加算1（写真診断）	70×1

＜解説＞ 伝票形式

患者氏名　　近藤　愛梨

保険者番号　　01130012（協会けんぽ）

（問1つに対し、2つ以上マークをすると不正解となります。）

問	解　答　欄				
1	①	●	③	④	⑤
2	①	●	③	④	⑤
3	①	②	③	④	●
4	●	②	③	④	⑤
5	①	●	③	④	⑤
6	①	②	●	④	⑤
7	①	②	③	●	⑤
8	①	②	●	④	⑤
9	①	●	③	④	⑤
10	①	②	●	④	⑤
11	●	②	③	④	⑤
12	①	②	③	●	⑤
13	●	②	③	④	⑤
14	①	●	③	④	⑤
15	●	②	③	④	⑤
16	①	②	③	●	⑤
17	①	●	③	④	⑤
18	①	②	●	④	⑤
19	●	②	③	④	⑤
20	●	②	③	④	⑤

【令和 4 年 10 月 7 日】

診療区分	内　　容	点　数
基本診療料	再診料 ＊外来管理加算は超音波検査があるため算定できない	75 点
医学管理等	特定疾患療養管理料（許可病床：100 床） 薬剤情報提供料 手帳記載加算	87 点 4 点 3 点
投薬料	Rp. ①ヘルベッサー R（100）2C（18.1 円） 　　　ノルバスク OD(5)　2T（15.2 円） 　　　　　　　　　　合計 66.6 円× 28TD 内用調剤料 処方料 特定疾患処方管理加算 調剤技術基本料（月 1 回）	7 点× 28 11 点 42 点 56 点 14 点
検査料	尿一般 末梢血液一般検査 　＊血液学的検査判断料 TP、γ-GT、TG、Na 及び Cl、K、HDL-cho、T-cho AST、ALT（9 項目） （HDL-cho、T-cho、LDL-cho はいずれか 2 項目のみ算定） 　＊生化学的検査（Ⅰ）判断料 検体検査管理加算（Ⅰ）＊外来なので I で算定する B-V 心臓超音波検査（経胸壁心エコー法）	26 点 21 点 125 点 99 点 144 点 40 点 40 点 880 点
合　計		1,863 点

【令和 4 年 10 月 20 日】

診療区分	内　　容	点　数
基本診療料	再診料 ＊外来管理加算は処置があるため算定できない	75 点
医学管理等	薬剤情報提供料 手帳記載加算	4 点 3 点
投薬料	Rp. ②セファレキシン（250）3C（31.5 円） 　　　ムコスタ(100)　3T（10.1 円） 　　　　　　　　　合計 124.8 円× 5TD 内用調剤料 処方料	12 点× 5 11 点 42 点
処置料	ガングリオン穿刺術	80 点
画像診断	右手関節 X-P（撮影 2 回） 左手関節 X-P（撮影 2 回）　電子画像管理 ＊これを健側・患側比較撮影で計算する場合は 「両手関節 X-P（撮影 4 回）電子画像管理」と入力する 撮影料・診断料（4 回分） 電子画像管理加算（写真診断） 画像診断管理加算 1（写真診断）	278 点 57 点 70 点
合　計		680 点

15

【令和 4 年 10 月 21 日】

診療区分	内　容	点　数
基本診療料	再診料 ＊外来管理加算は手術があるため算定できない。	75 点
医学管理等	薬剤情報提供料 手帳記載加算	4 点 3 点
投薬料	Rp. ③ロキソニン 1T（10.1 円）× 5 回分 内用調剤料 処方料	1 点× 5 11 点 42 点
注射料	点滴注射の手技料は手術に関連するため算定しない セファゾリン Na 注射用「NP」1g1 瓶（346 円） 生理食塩液 100mL1 瓶（145 円）　　　合計 491 円	 49 点
手術料	ガングリオン摘出術（手） キシロカイン注射液 1%3mLV（11.0 円 /mL） 　　　11.0 円× 3mL ＝ 33.0 円 ＊イソジン液 5mL（外皮用殺菌剤なので算定しない）	3,050 点 3 点
合　計		3,242 点

【令和 4 年 10 月 22 日】

診療区分	内　容	点　数
基本診療料	再診料 ＊外来管理加算は処置があるため算定できない。	75 点
処置料	創傷処置（5 ㎠） イソジン液（2.42 円 /mL）2mL　合計 4.84 円 ＊処置薬で 15 円以下（＝ 1 点）は算定しない。	52 点
合　計		127 点

【令和 4 年 10 月 27 日】

診療区分	内　容	点　数
基本診療料	再診料 外来管理加算	75 点 52 点
医学管理等	特定疾患療養管理料（許可病床：100 床） 薬剤情報提供料 手帳記載加算	87 点 4 点 3 点
投薬料	Rp. ④ニトロダーム TTS（46.2 円）5 枚　合計 231 円 外用調剤料 処方料	23 点× 1 8 点 42 点
検査料	心臓カテーテル法による諸検査（左心カテーテル）	4,000 点
合　計		4,294 点

実技問題２診療録形式（福原　遥）

診療報酬明細書（医科入院外）1社保　令和　4　年　10月分　県番　　医コ　　　| 1医科 | 1社国 | 1単独 | 2本外

保険　**0 6 2 2 0 0 7 3**

記　号・番　号　　38002・16　（枝番）00

		特 記 事 項	
氏名	フクハラ ハルカ **福原 遥** 2女　昭和 51年 12月 31日　生 職務上の事由		保険医療機関の所在地及び名称 （　100 床）

傷病名	(1)（主病名）アトピー性皮膚炎 (2)胆石性胆のう炎 (3)右前腕挫創	診療開始日	(1)令和 4. 7.21 (2)令和 4.10.14 (3)令和 4.10.23	転帰	診療実日数	保	5 日
					①	日
					②	日

11	初　診		回		(12)	*再診料	75×4
12 再 診	再　　　診	75 ×	5 回	375		*再診料	75×1
	外来管理加算	52 ×	3 回	156		休日加算（再診）（入院外）	190×1
	時　間　外	×	回			*外来管理加算	52×3
	休　　　日	190 ×	1 回	190	(13)	*薬剤情報提供料	4×2
	深　　　夜	×	回			手帳記載加算（薬剤情報提供料）	3×2
13	医 学 管 理			114		*皮膚科特定疾患指導管理料（2）	100×1
14 在 宅	往　　　診		回		(21)	オンカプセル112.5mg 3カプセル ザジテンカプセル1mg 3カプセル	10×28
	夜　　　間		回			*バナン錠100mg 3錠	
	深夜・緊急		回			ロキソニン錠60mg 3錠	17×14
	在宅患者訪問診療		回			*調剤料（内服薬・浸煎薬・屯服薬）	11×3
	そ　の　他				(23)	*プロトピック軟膏0.1% 15ｇ	99×1
	薬　　　剤					*調剤料（外用薬）	8×1
20 投 薬	21 内服薬剤		42 単	518	(25)	*処方料（その他）	42×3
	内服調剤	11 ×	3 回	33	(27)	*調基（その他）	14×1
	22 屯服薬剤		単		(31)	*皮内、皮下及び筋肉内注射	25×1
	23 外用薬剤		1 単	99		生物学的製剤注射加算	15×1
	外用調剤	8 ×	1 回	8		沈降破傷風トキソイド「生研」 0.5mL 1瓶	106×1
	25 処　　　方	42 ×	3 回	126	(40)	*創傷処置（１００cm2未満）	52×1
	26 麻　　　毒		回		(50)	*手術　23日	
	27 調　　　基			14		創傷処理（筋肉、臓器に達しない） 　（長径５ｃｍ以上１０ｃｍ未満） 真皮縫合加算 休日加算2（手術）	2538×1
30 注 射	31 皮下筋肉内		3 回	146		キシロカイン注射液1% 5mL V	5×1
	32 静 脈 内		回		(60)	*尿一般, 尿沈渣（鏡検法）	53×1
	33 その他					*末梢血液一般検査, ＥＳＲ	30×1
40 処 置	処　　　置		1 回	52		*Ｂ－Ｖ	40×1
	薬　　　剤					*ＣＲＰ	16×1
50 手	手術・麻酔		1 回	2538		*ＴＰ, ＴＧ, γ－ＧＴ, Ｔｃｈｏ, ＡＳＴ, ＡＬＴ, 　ＡＬＰ, ＵＡ	99×1
	薬　　　剤			5		*外来迅速検体検査加算　5項目	50×1
60 検	検　　　査		11 回	775		*検体検査管理加算（1）	40×1
	薬　　　剤					*尿・糞便等検査判断料	34×1
70 画	画 像 診 断		9 回	1488		*血液学的検査判断料	125×1
	薬　　　剤			443		*生化学的検査（1）判断料	144×1
80 他	処　方　箋		回			（以下　続く）	
	そ　の　他						
	薬　　　剤						

療養保険の給付	請　　　求　　　点	※	決　　定　　点	一部負担金　円
	7,080			
①				
②			※高額　　　　円 ※公　　点 ※公　　点	

(60)	＊免疫学的検査判断料	144×1
(70)	＊撮影部位（単純撮影）：腹部	
	単純撮影（イ）の写真診断 2枚	
	単純撮影（デジタル撮影） 2枚	230×1
	電子画像管理加算（単純撮影）	57×1
	＊胆のう	
	造影剤使用撮影の写真診断 6枚	
	造影剤使用撮影（デジタル撮影） 6枚	678×1
	造影剤注入手技（点滴注射）（その他）	
	（入院外）	53×1
	電子画像管理加算（造影剤使用撮影）	66×1
	ﾋﾞﾘｽｺﾋﾟﾝ点滴静注50 10.55%100mL 1瓶	443×1
	＊画像診断管理加算1（写真診断）	70×1
	＊時間外緊急院内画像診断加算	
	撮影開始日時（時間外緊急院内画像診断加算）	
	；23日17時30分	110×1
	＊撮影部位（単純撮影）：手関節＿；右	
	単純撮影（ロ）の写真診断 2枚	
	単純撮影（デジタル撮影） 2枚	167×1
	電子画像管理加算（単純撮影）	57×1

＜解説＞　診療録形式

患者氏名　　福原　遥

保険者番号　　06220073（組合管掌健康保険）

【令和4年10月1日】

診療区分	内　　容	点　数
基本診療料	再診料	75点
	外来管理加算	52点
医学管理等	薬剤情報提供料	4点
	手帳記載加算	3点
	皮膚科特定疾患指導管理料Ⅱ	100点
投薬料	Rp. ①オノンカプセル 3C（24.7円） 　　　ザジテンカプセル 3C（9.2円） 　　　　　　　　合計 101.7円×28TD	10点×28
	②プロトピック軟膏5g（66.0円／g）×3本 　　　　　　　　合計 990円	99点×1
	内用調剤料	11点
	外用調剤料	8点
	処方料	42点
	調剤技術基本料（月1回）	14点
合　　計		688点

【令和 4 年 10 月 14 日】

診療区分	内　　　容	点　数
基本診療料	再診料	75 点
	外来管理加算	52 点
医学管理等	薬剤情報提供料	4 点
	手帳記載加算	3 点
投薬料	Rp. ③バナン錠 (100)3T（47.2 円） 　　ロキソニン錠 3T（10.1 円） 　　　　　　合計 171.9 円× 7TD	17 点× 7
	内用調剤料	11 点
	処方料	42 点
検査料	尿一般	26 点
	沈渣（鏡検法）	27 点
	＊尿糞便等検査判断料	34 点
	末梢血液一般検査	21 点
	ESR	9 点
	＊血液学的検査判断料	125 点
	CRP	16 点
	＊免疫学的検査判断料	144 点
	TP、TG、γ -GT 、T-cho、AST、ALT、ALP、UA（8 項目）	99 点
	＊生化学的検査（Ⅰ）判断料	144 点
	検体検査管理加算（Ⅰ）　＊外来なのでⅠで算定する	40 点
	B-V	40 点
	外来迅速検体検査加算（5 項目）	50 点
画像診断	腹部 X-P（撮影 2 回）電子画像管理	
	撮影料・診断料（2 回分）	230 点
	電子画像管理加算	57 点
合　計		1,368 点

【令和 4 年 10 月 21 日】

診療区分	内　　　容	点　数
基本診療料	再診料	75 点
	外来管理加算	52 点
投薬料	p.　③do × 7TD	17 点× 7
	内用調剤料	11 点
	処方料	42 点
画像診断	胆のう造影 X-P（撮影 6 回）電子画像管理	
	造影剤使用撮影・診断料（6 回分）	678 点
	電子画像管理加算（造影剤使用撮影）	66 点
	点滴注入（100mL）	53 点
	ビリスコピン点滴静注 100mL1V（4427 円）	443 点
	画像診断管理加算 1（写真診断）	70 点
合　計		1,609 点

【令和 4 年 10 月 23 日】

診療区分	内　　容	点　数
基本診療料	再診料	75 点
	休日加算	190 点
	＊外来管理加算は手術があるため算定できない	
注射料	iM（筋肉内注射手技料）	25 点
	生物学的製剤注射加算	15 点
	破傷風トキソイド「生研」0.5mL1 瓶（1063 円）	106 点
手術料	創傷処理（5cm）筋肉に達しない：950 点 真皮縫合加算（前腕は露出部にて加算できる）：460 点 　　　　　　　　合計　1,410 点×休日加算 1.8＝2,538 点	2,538 点
	キシロカイン注射液 1%5mLV（11.0 円 /mL） 　　　　　　11.0 円× 5mL ＝55.0 円	5 点
	＊イソジン液 5mL（外皮用殺菌剤なので算定しない）	
画像診断	時間外緊急院内画像診断加算	110 点
	右手関節 X-P（撮影 2 回）電子画像管理	
	撮影料・診断料（2 回分）	167 点
	電子画像管理加算	57 点
合　計		3,288 点

【令和 4 年 10 月 24 日】

診療区分	内　　容	点　数
基本診療料	再診料	75 点
	＊外来管理加算は処置があるため算定できない	
処置料	創傷処置（100 ㎠未満）	52 点
合　計		127 点

第55回試験問題　解答・解説

「医療事務」
「実技（オペレーション）」

[医療事務]

（問１つに対し、２つ以上マークをすると不正解となります。）

問	解答欄	問	解答欄
1	❶ ② ③	26	① ② ③
2	① ② ❸	27	① ② ③
3	① ② ❸	28	① ② ③
4	① ❷ ③	29	① ② ③
5	❶ ② ③	30	① ② ③
6	① ❷ ③	31	① ② ③
7	❶ ② ③	32	① ② ③
8	① ❷ ③	33	① ② ③
9	① ② ❸	34	① ② ③
10	① ❷ ③	35	① ② ③
11	① ② ❸	36	① ② ③
12	① ② ❸	37	① ② ③
13	① ❷ ③	38	① ② ③
14	① ❷ ③	39	① ② ③
15	① ❷ ③	40	① ② ③
16	① ② ❸	41	① ② ③
17	① ② ❸	42	① ② ③
18	❶ ② ③	43	① ② ③
19	① ② ❸	44	① ② ③
20	❶ ② ③	45	① ② ③
21	① ② ③	46	① ② ③
22	① ② ③	47	① ② ③
23	① ② ③	48	① ② ③
24	① ② ③	49	① ② ③
25	① ② ③	50	① ② ③

※ 6〜8 については、第55回検定実施当時の正答となります。

<解説>

1　①　<保険医療機関及び保険薬局の指定並びに保険医及び保険薬剤師の登録に関する省令>
②については、保険医療機関、保険薬局は、指定の日から６年を経過したときに、効力を失う。
③については、保険医療機関と保険医は、厚生労働大臣の指導を受ける。

2　③　<保発第四五号・庁保発第三四号　保険者番号等の設定について>
①の法別番号 32 は、地方公務員等共済組合加入者である。
②の法別番号 31 は、国家公務員共済組合加入者である。

3　③　< F100・F400　特定疾患処方管理加算>

4　②　特定疾患処方管理加算の算定可能医療機関は、診療所又は許可病床数が 200 床未満の病院である。

5　①　特定疾患処方管理加算は、月１回に限り、56 点を算定する。

6〜8 については、令和６年診療報酬改定に伴い、特定疾患処方管理加算は、処方日数が 28 日以上の 56 点（月１回）のみとなった。

9　③　< I003　標準型精神分析療法>

①の通院・在宅精神療法と②の精神科ショート・ケアについて、精神科でおこなった場合のみ算定する。＜ I002　通院・在宅精神療法＞＜ I008-2　精神科ショート・ケア＞

⑩　②　＜ J001　熱傷処置＞

①については、診療所で実施をした場合は、35 点を算定できる。

　　＜ J119　消炎鎮痛等処置 3 湿布処置＞

③については、耳垢水を用いた耳垢栓塞除去は、片側 100 点、両側 180 点を算定できる。

　　＜ J113　耳垢栓塞除去（複雑なもの）＞

⑪　③　＜第 7 部　リハビリテーション　通則＞

①については、厚生労働大臣が定める患者については、1 日 9 単位算定することが可能である。

②については、湿布処置に限らず、いずれの消炎鎮痛等処置もがん患者リハビリテーション料と併せて算定することはできない。

⑫　③　＜ C000　往診料＞

①については、往診に要した費用は患家の負担とする。

②については、往診又は訪問診療を行った後に、患者又はその家族等が単に薬剤を取りに医療機関に来た場合は、再診料又は外来診療料は算定できない。

⑬　②　＜ F400　特定疾患処方管理加算＞

①については、後発医薬品のある全ての医薬品（2 品目以上の場合）が一般名処方されている場合は、一般名処方加算 1 となるが、設問は 3 品目のうちの 1 品目が一般名処方されているので、一般名処方加算 2 を算定する。

③については、同一患者に同時に 2 枚の処方箋交付を行った場合、処方箋料は 1 回の算定。

　　＜ F400　処方箋料＞

⑭　②　＜ A000　初診料＞

①については、291 点（初診料）＋ 85 点（時間外加算）＝ 376 点

休診日の火曜日は、休日加算の対象以外となり、時間外加算を算定する。

③については、291 点（初診料）＋ 200 点（6 歳未満の時間外加算）＝ 491 点

⑮　②　＜ E000　透視診断＞

①については、肩関節については、1 単純撮影　「イ」により算定する。＜ E001　写真診断＞

③については、他の保険医療機関で撮影した MRI 撮影のフィルムの診断を行った場合のコンピュータ断層診断料は、初診料を算定した日に限り、月 1 回に限り算定できる。

　　＜ E203　コンピューター断層診断＞

⑯　③　＜ C152-2 ＞持続血糖測定器加算

⑰　③　持続血糖測定器加算のうち、間歇注入シリンジポンプと連動する持続血糖測定器を用いる場合

⑱　①は、糖尿病の治療に関し、専門の知識及び少なくとも 5 年以上の経験を有する常勤の医師が 1 名以上配置されていることが必要である。

⑲　③　＜告示 4　特掲診療料の施設基準等　地域連携夜間・休日の施設基準＞

①については、夜間、休日又は深夜に診療を担当する医師として 3 名以上届け出る。

②については、当該保険医療機関において、末梢血液一般検査、エックス線撮影を含む必要な診療が常時実施できる体制をとっている。

⑳　①　＜診療報酬請求書・明細書の記載要領について＞

②については、検査にあたって薬剤を使用した場合は、「点数」欄の薬剤の項に点数を記載し、薬剤名及び使用量については「摘要」欄に記載する。

③については、検体検査判断料を算定した場合には、判断料等の区分名、名称及び所定点数を「点数」欄に記載する。

実技問題２伝票形式（石川　真由）

診療報酬明細書（医科入院外）1社保　令和 5 年 5 月分　県番						医コ		1医科	1社国	1単独	2本外

－			－		保　険	0 6 4 1 0 0 1 3
公費①			公受①			
公費②			公受②		記　号・番　号	7712・238　（枝番）00

氏名	イシカワ マユ 石川 真由 2女　平成 6年　8月 17日　生	特 記 事 項	保険医療機関の所在地及び名称
職務上の事由			（　100床）

傷病名	(1)（主病名）２型糖尿病 (2)右上肢第２度熱傷 (3)右第２趾ひょう疽	診療開始日	(1)令和 5. 5. 6 (2)令和 5. 5. 7 (3)令和 5. 5.23	転帰	診療実日数	保 ① ②	5 日 日 日

11	初　　診		1 回	291		(11)	*初診料　291×1
12 再 診	再　　　診	75 ×	4 回	300		(12)	*再診料　75×1 休日加算（再診）（入院外）190×1 *再診料　75×3
	外来管理加算	×	回				
	時　間　外	×	回			(13)	*薬剤情報提供料　4×4 手帳記載加算（薬剤情報提供料）3×4
	休　　　日	190 ×	1 回	190			
	深　　　夜	×	回			(21)	*アマリール0.5mg錠 1錠　1×21
13	医学管理			28			*フロモックス錠100mg 3錠 ムコスタ錠100mg 3錠　15×7
14 在 宅	往　　　診		回				*フロモックス錠100mg 3錠 ロキソニン錠60mg 3錠　15×5
	夜　　　間		回				*調剤料（内服薬・浸煎薬・屯服薬）11×4
	深夜・緊急		回			(23)	*ゲーベンクリーム1% 50g　64×1 *調剤料（外用薬）8×1
	在宅患者訪問診療		回				
	そ　の　他					(25)	*処方料（その他）42×4
	薬　　　剤					(27)	*調基（その他）14×1
20 投 薬	21 内服薬剤		33 単	201		(32)	*静脈内注射　37×1 セフメタゾン静注用1g 1瓶 Aq 20mL（注射用水）1管　55×1
	内服調剤	11 ×	4 回	44			
	22 屯服薬剤		単			(40)	*初回年月日（熱傷処置）：令和 5年 5月 7日 熱傷処置（５００cm2以上３０００cm2未満） 休日加算2（イに該当を除く）（処置）607×1 ゲーベンクリーム1% 30g ソフラチュール貼付剤10cm 10.8mg10cm×10cm 1枚　46×1 *熱傷処置（１００cm2以上５００cm2未満） 　147×1 ゲーベンクリーム1% 20g ソフラチュール貼付剤10cm 10.8mg10cm×10cm 0.5枚　29×1 *創傷処置（１００cm2未満）52×1 ゲンタシン軟膏0.1% 1mg 2g　2×1
	23 外用薬剤		1 単	64			
	外用調剤	8 ×	1 回	8			
	25 処　　方	42 ×	4 回	168			
	26 麻　　毒		回				
	27 調　　基			14			
30 注 射	31 皮下筋肉内		回				
	32 静　脈　内		2 回	92			
	33 そ　の　他		回				
40 処 置	処　　置		3 回	806		(50)	*手術　23日 ひょう疽手術（軟部組織）1指　1190×1 キシロカイン注射液1% 3mL V　3×1
	薬　　剤			77			
50 手	手術・麻酔		1 回	1190		(60)	*尿一般　26×1 *末梢血液一般検査，HbA1c　70×1 *B-V　40×1
	薬　　剤			3			
60 検	検　　査		7 回	548			
	薬　　剤						（以下　続く）
70 画	画像診断		3 回	238			
	薬　　剤						
80 他	処　方　箋		回				
	そ　の　他						
	薬　　剤						

療養の給付	保険 ① ②	請　　求　　点　※ 4,262	決　定　点	一部負担金　円	
				※高額　円	※公　点　※公　点

(60)	＊ＢＩＬ／総,ＢＩＬ／直,ＴＰ,γ－ＧＴ,ＴＧ, ナトリウム及びクロール,カリウム,グルコース, ＡＳＴ,ＡＬＴ	103×1
	＊検体検査管理加算（１）	40×1
	＊血液学的検査判断料	125×1
	＊生化学的検査（１）判断料	144×1
(70)	＊単純撮影（ロ）の写真診断 1枚	
	単純撮影（デジタル撮影） 1枚	111×1
	電子画像管理加算（単純撮影）	57×1
	＊画像診断管理加算1（写真診断）	70×1

＜解説＞ 伝票形式

患者氏名　　石川　真由

保険者番号　　06410013（組合管掌健康保険）

（問1つに対し、2つ以上マークをすると不正解となります。）

問	解　答　欄				
1	①	②	③	④	●
2	●	②	③	④	⑤
3	●	②	③	④	⑤
4	①	②	③	●	⑤
5	①	②	③	●	⑤
6	●	②	③	④	⑤
7	①	②	●	④	⑤
8	①	②	●	④	⑤
9	①	●	③	④	⑤
10	①	●	③	④	⑤
11	①	②	③	●	⑤
12	①	●	③	④	⑤
13	①	●	③	④	⑤
14	①	②	③	●	⑤
15	●	②	③	④	⑤
16	①	②	●	④	⑤
17	①	②	③	●	⑤
18	●	②	③	④	⑤
19	①	●	③	④	⑤
20	●	②	③	④	⑤

【令和 5 年 5 月 6 日】

診療区分	内　　　容	点　数
基本診療料	初診料	291 点
医学管理等	薬剤情報提供料	4 点
	手帳記載加算	3 点
投薬料	Rp. ①アマリール（0.5）1T（10.1 円） 　　　　　　　　　合計 10.1 円× 7TD	1 点× 7
	内用調剤料	11 点
	処方料	42 点
	調剤技術基本料（月 1 回）	14 点
検査料	尿一般	26 点
	末梢血液一般検査	21 点
	HbA1c	49 点
	＊血液学的検査判断料	125 点
	T-Bil、D-Bil、TP、γ -GT、TG、Na 及び Cl、K、 グルコース、AST、ALT（10 項目）	103 点
	＊生化学的検査（Ⅰ）判断料	144 点
	検体検査管理加算（Ⅰ）＊外来なのでⅠで算定する	40 点
	B-V	40 点
合　計		920 点

【令和 5 年 5 月 7 日】

診療区分	内　　　容	点　数
基本診療料	再診料	75 点
	休日加算	190 点
	＊外来管理加算は処置があるため算定できない	
医学管理等	薬剤情報提供料	4 点
	手帳記載加算	3 点
投薬料	Rp. ②フロモックス（100）3T（41.1 円） 　　　ムコスタ錠(100)　3T（10.1 円） 　　　　　　　　　合計 153.6 円× 7TD	15 点× 7
	内用調剤料	11 点
	処方料	42 点
注射料	iV（静脈内注射）	37 点
	セフメタゾン 1g1V（486 円） 　Aq（注射用水）20mL1A（62 円） 　　　　　　　合計 548 円	55 点
処置料	熱傷処置（600 ㎠）・休日に実施しているため 1.8 倍 　　　337 点× 1.8 ＝ 606.6 点（四捨五入する）	607 点
	ゲーベンクリーム 30g（12.8 円 /g） 　ソフラチュール（10 × 10）1 枚（77.5 円） 　　　　　　　合計 461.5 円	46 点
合　計		1,175 点

【令和5年5月9日】

診療区分	内　容	点　数
基本診療料	再診料 ＊外来管理加算は処置があるため算定できない。	75点
医学管理等	薬剤情報提供料 手帳記載加算	4点 3点
投薬料	Rp. ①　do × 14TD 　　　③ゲーベンクリーム 10g × 5本（50g で入力する） 　　　　　12.8円× 50g ＝ 640円 内用調剤料 外用調剤料 処方料	1点× 14 64点× 1 11点 8点 42点
処置料	熱傷処置（450㎠） 　ゲーベンクリーム 20g（12.8円/g） 　ソフラチュール(10 × 10)　0.5枚（77.5円） 　　　　　　　　　合計 288.75円	147点 29点
合　計		397点

【令和5年5月23日】

診療区分	内　容	点　数
基本診療料	再診料 ＊外来管理加算は手術があるため算定できない。	75点
医学管理等	薬剤情報提供料 手帳記載加算	4点 3点
投薬料	Rp. ④フロモックス（100）3T（41.1円） 　　　ロキソニン錠　3T（10.1円） 　　　　　　　合計 153.6円× 5TD 内用調剤料 処方料	 15点× 5 11点 42点
手術料	右第2趾ひょう疽手術（軟部組織のもの） 　キシロカイン注射液 1%3mLV（11.0円/mL） 　　　11.0円× 3mL ＝ 33.0円 ＊イソジン液は手術のため算定しない	1,190点 3点
画像診断	右足 X-P（撮影1回）電子画像管理 　撮影料・診断料（1回分） 　電子画像管理加算 画像診断管理加算1（写真診断）：放射線科医の読影レポート	 111点 57点 70点
合　計		1,641点

【令和5年5月25日】

診療区分	内　容	点　数
基本診療料	再診料 ＊外来管理加算は処置があるため算定できない。	75点
処置料	創傷処置（5㎠） 　ゲンタシン軟膏 2g（11.0円/g）　合計 22円	52点 2点
合　計		129点

実技問題２診療録形式（平田　康介）

診療報酬明細書（医科入院外）1社保　令和 5 年 5 月分　県番						

								医コ		1医科	1社国	1単独	2本外

					保　険	**3 3 1 3 0 0 3 0**		

公費①				公受①		
公費②				公受②		

記　号・番　号　　警警視 ・051382　　（枝番）00

氏名	ヒラタ コウスケ　平田 康介	特 記 事 項	保険医療機関の所在地及び名称
	1男　昭和 42 年 10 月 19 日　　生		
職務上の事由			（　100 床）

傷病名	(1)（主病名）慢性胃炎 (2)ヘリコバクター・ピロリ感染症 (3)右尺骨骨折	診療開始日	(1) 令和 5. 5. 8 (2) 令和 5. 5.15 (3) 令和 5. 5.24	転帰	診療実日数	保① ②	4 日 日 日

11	初　　診		1 回	291	
12 再診	再　　　診	75 ×	3 回	225	
	外来管理加算	52 ×	1 回	52	
	時 間 外	×	回		
	休　　日	×	回		
	深　　夜	×	回		
13	医 学 管 理			14	
14 在宅	往　　　診		回		
	夜　　　間		回		
	深夜・緊急		回		
	在宅患者訪問診療		回		
	そ の 他				
	薬　　　剤				
20 投薬	21 内服薬剤		14 単	392	
	内服調剤	11 ×	2 回	22	
	22 屯服薬剤		単		
	23 外用薬剤		単		
	外用調剤	×	回		
	25 処　　方	42 ×	2 回	84	
	26 麻　　毒		回		
	27 調　　基			14	
30 注射	31 皮下筋肉内		3 回	146	
	32 静 脈 内		回		
	33 そ の 他		回		
40 処置	処　　　置		1 回	780	
	薬　　　剤				
50 手	手術・麻酔		1 回	640	
	薬　　　剤			3	
60 検	検　　　査		14 回	3183	
	薬　　　剤			12	
70 画	画 像 診 断		3 回	294	
	薬　　　剤				
80 他	処 方 箋		回		
	そ の 他				
	薬　　　剤				

(11)	*初診料	291×1
(12)	*再診料	75×3
	*外来管理加算	52×1
(13)	*薬剤情報提供料	4×2
	手帳記載加算（薬剤情報提供料）	3×2
(21)	*ネキシウムカプセル20mg 1カプセル	7×7
	*ボノサップ パック400 1シート	49×7
	*調剤料（内服薬・浸煎薬・屯服薬）	11×2
(25)	*処方料（その他）	42×2
(27)	*調基（その他）	14×1
(31)	*皮内、皮下及び筋肉内注射	25×1
	生物学的製剤注射加算	15×1
	沈降破傷風トキソイド 0.5mL 1瓶	106×1
(40)	*四肢ギプスシーネ（半肢）（片）	780×1
(50)	*手術　24日	
	皮膚切開術（長径１０ｃｍ未満）	640×1
	キシロカイン注射液1% 3mL V	3×1
(60)	*末梢血液一般検査	21×1
	*B－V	40×1
	*CRP	16×1
	*TP,Tcho,ナトリウム及びクロール, カリウム,BUN,クレアチニン,AST,ALT, γ－GT,TG	103×1
	*外来迅速検体検査加算 5項目	50×1
	*EF－胃・十二指腸	1140×1
	キシロカインゼリー2% 5mL キシロカインビスカス2% 5mL プスコパン注20mg 2%1mL 1管	12×1
	*T－M（組織切片） 1臓器	860×1
	*内視鏡下生検法 1臓器	310×1
	*迅速ウレアーゼ試験定性	60×1
	*検体検査管理加算（1）	40×1
	*血液学的検査判断料	125×1
	*生化学的検査（1）判断料	144×1
	*免疫学的検査判断料	144×1
	*病理判断料	130×1
	（以下　続く）	

療養の給付	保険	請　　求　　点 ※ 6,152	決　　定　　点	一 部 負 担 金 円
	①			
	②			

※高額　　　円 ※公　　点 ※公　　点

(70)	*撮影部位（単純撮影）：前腕__；右
	単純撮影（ロ）の写真診断 2枚
	単純撮影（デジタル撮影） 2枚　167×1
	電子画像管理加算（単純撮影）　57×1
	*画像診断管理加算1（写真診断）　70×1

＜解説＞　診療録形式

患者氏名　　平田　康介

保険者番号　　33130030（共済組合健康保険）

【令和5月5月8日】

診療区分	内　　　容	点　数
基本診療料	初診料	291 点
検査料	末梢血液一般検査	21 点
	＊血液学的検査判断料	125 点
	CRP	16 点
	＊免疫学的検査判断料	144 点
	TP、T-cho、Na·Cl、K、BUN、クレアチニン、AST、ALT	
	γ-GT、TG（10 項目）	103 点
	＊生化学的検査（Ⅰ）判断料	144 点
	検体検査管理加算（Ⅰ）　＊外来なのでⅠで算定する	40 点
	B-V	40 点
	外来迅速検体検査加算（5 項目）	50 点
合　計		974 点

【令和5月5月15日】

診療区分	内　　　容	点　数
基本診療料	再診料	75 点
	＊外来管理加算は内視鏡検査があるため算定できない	
医学管理等	薬剤情報提供料	4 点
	手帳記載加算	3 点
投薬料	Rp. ①ネキシウム(20)1C（69.7 円）	
	合計 69.7 円× 7TD	7 点× 7
	内用調剤料	11 点
	処方料	42 点
	調剤技術基本料（月1 回）	14 点
検査料	EF- 胃・十二指腸	1,140 点
	キシロカインゼリー 5mL（6.3 円 /mL）	
	キシロカインビスカス 5mL（5.3 円 /mL）	
	ブスコパン注 1A（59 円）	
	合計 117 円	12 点
	T-M（組織切片）(胃：1 臓器)	860 点
	＊病理判断料	130 点
	内視鏡下生検法（1 臓器）	310 点
	迅速ウレアーゼ試験定性	60 点
合　計		2,710 点

【令和 5 月 5 月 22 日】

診療区分	内　容	点　数
基本診療料	再診料	75 点
	外来管理加算	52 点
医学管理等	薬剤情報提供料	4 点
	手帳記載加算	3 点
投薬料	Rp.　②ボノサップパック(400)1 シート（492.4 円）× 7TD	49 点× 7
	内用調剤料	11 点
	処方料	42 点
合　計		530 点

【令和 5 月 5 月 24 日】

診療区分	内　容	点　数
基本診療料	再診料	75 点
	＊外来管理加算は手術があるため算定できない	
注射料	iM（筋肉内注射手技料）	25 点
	生物学的製剤注射加算	15 点
	沈降破傷風トキソイド 0.5mL1 瓶（1063 円）	106 点
処置料	四肢ギプスシーネ（半肢）	780 点
手術料	皮膚切開術（1cm）	640 点
	キシロカイン注射液 1%3mLV（11.0 円 /mL）	
	11.0 円× 3mL ＝ 33.0 円	3 点
画像診断	右前腕 X-P（撮影 2 回）電子画像管理	
	撮影料・診断料（2 回分）	167 点
	電子画像管理加算	57 点
	画像診断管理加算 1（写真診断）：放射線科医の読影レポート	70 点
合　計		1,938 点

[医療事務]

（問1つに対し、2つ以上マークをすると不正解となります。）

問	解　答　欄	問	解　答　欄
1	① ● ③	26	① ② ③
2	● ② ③	27	① ② ③
3	① ● ③	28	① ② ③
4	① ● ③	29	① ② ③
5	① ② ●	30	① ② ③
6	● ② ③	31	① ② ③
7	● ② ③	32	① ② ③
8	① ② ●	33	① ② ③
9	① ● ③	34	① ② ③
10	① ● ③	35	① ② ③
11	● ② ③	36	① ② ③
12	● ② ③	37	① ② ③
13	① ● ③	38	① ② ③
14	① ② ●	39	① ② ③
15	① ● ③	40	① ② ③
16	① ② ●	41	① ② ③
17	① ● ③	42	① ② ③
18	① ② ●	43	① ② ③
19	① ● ③	44	① ② ③
20	① ● ③	45	① ② ③
21	① ② ③	46	① ② ③
22	① ② ③	47	① ② ③
23	① ② ③	48	① ② ③
24	① ② ③	49	① ② ③
25	① ② ③	50	① ② ③

＜解説＞

1 ② ①については、<u>厚生労働大臣が定めるところにより算定</u>する。＜健康保険法第76条＞
　　③については、<u>1ヶ月分の診療報酬を計算し、請求をする</u>。

2 ① ＜健康保険法＞
　　②については、就学時前で2割負担のため、2,090円となる。
　　③については、3割負担のため、1,370円となる。いずれも1円単位は四捨五入をする。

3 ② ＜D002　注1，D017　注＞
　　①については、トリヨードサイロニンとサイロキシンの併算定は不可である。
　　③については、時間外緊急院内検査加算と外来迅速検体検査加算の併算定は不可である。

4 ②　＜第6部　通則4＞精密持続点滴注射を行った場合は、精密持続点滴注射加算として、通則
5 ③　1・2・3により算定した点数に、<u>1日につき80点を加算</u>する。なお、精密持続点滴注射は、
6 ①　自動輸液ポンプを用いて<u>30ml/時間以下の速度</u>で体内（皮下を含む）又は注射回路に薬剤を
7 ①　注入することをいう。<u>1歳未満の乳児に対して行う場合は、薬剤の種類にかかわらず算定可</u>。

⑧　③　＜第 9 部　通則 7 ＞

⑨　②　耳鼻咽喉科を標榜する保険医療機関において、耳鼻咽喉科を担当する医師が、6 歳未満の乳幼児

⑩　②　に対して、扁桃処置を行った場合に、耳鼻咽喉科乳幼児加算として、1 日につき 60 点を所定点数

⑪　①　に加算する。

⑫　①　＜D017　注＞

　　　　②については、心電図検査は経胸壁心エコー法の所定点数に含まれる。＜D215　注 3 ＞

　　　　③については、設問の 3 つの検査を行っても主たるもの 2 つの所定点数を算定する。

⑬　②　＜B001・2　特定薬剤治療管理料＞

　　　　①と③については、4 月目以降も所定点数を算定することが可能である。

⑭　③　＜B001・8　皮膚科特定疾患指導管理料＞

　　　　①については、特定疾患療養管理料は、病床規模等により点数が 3 区分されている。許可病床数
　　　　100 床未満の病院は、76 点を算定する。＜B000　注 5 ＞

　　　　②については、外来栄養食事指導料 1 の 2 回目以降は、180 点を算定する。＜B001・9 ＞

⑮　②　＜告示③　基本診療料の施設基準等　（1）厚生労働大臣が定める検査＞

　　　　①③については、再診時に実施をした場合、外来管理加算が算定可能である。

⑯　③　＜第 4 部　通則 4 ＞

　　　　①については、放射線科を標榜している保険医療機関で届出可能であり、病院のみに限定される
　　　　ものではない。②については、当該保険医療機関以外の施設に読影又は診断を委託していない。

⑰　②　＜告示④　特掲診療料の施設基準等　ニコチン依存症管理料の施設基準＞

　　　　①については、禁煙治療の経験を有する医師については、診療科は問わない。

　　　　③については、過去 1 年間の平均継続回数の実績に基づく所定点数の算定は、7 月 1 日より行う。

⑱　③　＜告示④　特掲診療料の施設基準等　認知症患者リハビリテーション料の施設基準＞

　　　　①については、専任の常勤医師が勤務している必要がある。

　　　　②については、専任の常勤医師が 1 名以上勤務している必要がある。

⑲　②　＜第 1 部　通則 3 ＞

　　　　①③については、外来感染対策向上加算が算定できる項目ではない。

⑳　②　＜診療報酬請求書・明細書の記載要領について＞

　　　　①については、レセプトの摘要欄に第 1 回目のカウンセリングを行った年月日を記載する。

　　　　③については、レセプトの摘要欄に療養費同意書の交付年月日及び同意書又は診断書の病名欄に
　　　　記載した病名を記載する。

実技問題２伝票形式（香山　愛華）

診療報酬明細書（医科入院外）　1社保　令和　5年　10月分　県番

| | 1医科 | 1社国 | 1単独 | 6家外 |

保険　01220011

記号・番号　81152967　・358　（枝番）01

| 公費① | | 公受① | |
| 公費② | | 公受② | |

氏名　カヤマ　アイカ　香山　愛華　2女　昭和51年　6月23日　生

職務上の事由

特記事項

保険医療機関の所在地及び名称　（　100床）

傷病名
(1)（主病名）右腓骨骨折
(2) 細菌性腸炎
(3) 接触皮膚炎

診療開始日
(1) 令和 5.10. 8
(2) 令和 5.10.23
(3) 令和 5.10.30

転帰

診療実日数　保　5　日
① 日
② 日

11	初　診		1 回	541		(11)	*初診料	
12 再診	再　診	75 ×	4 回	300			休日加算（初診）	541×1
	外来管理加算	52 ×	2 回	104		(12)	*再診料	75×4
	時　間　外	×	回				*外来管理加算	52×2
	休　日	×	回			(13)	*薬剤情報提供料	4×3
	深　夜	×	回				手帳記載加算（薬剤情報提供料）	3×3
13	医学管理			21		(21)	*ロキソニン錠60mg 3錠	
14 在宅	往　診		回				フロモックス錠100mg 3錠	
	夜　間		回				ムコスタ錠100mg 3錠	18×14
	深夜・緊急		回				*ビオフェルミンR錠 3錠	
	在宅患者訪問診療		回				クラビット錠250mg（レボフロキサシンとして）3錠	23×7
	その他						*調剤料（内服薬・浸煎薬・屯服薬）	11×3
	薬　剤					(22)	*ナウゼリン錠10 10mg 1錠	1×5
20 投薬	21 内服薬剤		21 単	413		(23)	*リンデロン-VG軟膏0.12% 15g	42×1
	内服調剤	11 ×	3 回	33			*調剤料（外用薬）	8×1
	22 屯服薬剤		5 単	5		(25)	*処方料（その他）	42×4
	23 外用薬剤		1 単	42		(27)	*調基（その他）	14×1
	外用調剤	8 ×	1 回	8		(33)	*点滴注射	102×2
	25 処　方	42 ×	4 回	168			生理食塩液 500mL 1袋	
	26 麻　毒		回				セフメタゾン静注用1g 1瓶	68×2
	27 調　基			14		(40)	*四肢ギプスシーネ（上肢、下肢）（片）	
30 注射	31 皮下筋肉内		回				休日加算2（イに該当を除く）（処置）	2160×1
	32 静脈内		回				*四肢ギプス包帯（上肢、下肢）（片）	1200×1
	33 その他		4 回	340			*四肢ギプスシャーレ（上肢、下肢）（片）	240×1
40 処置	処　置		3 回	3600		(50)	*手術　8日	
	薬　剤						骨折非観血的整復術（下腿）	
50 手術	手術・麻酔		1 回	3672			休日加算2（手術）	3672×1
	薬　剤					(60)	*時間外緊急院内検査加算	
60 検査	検　査		15 回	1282			検査開始日時（時間外緊急院内検査加算）；	
	薬　剤						8日13時40分	200×1
70 画像	画像診断		3 回	445			*尿一般	26×1
	薬　剤						*末梢血液一般検査	21×2
80 他	処方箋		回				*B-V	40×2
	その他						*TP, BUN, クレアチニン, γ-GT, TG,	
	薬　剤						ナトリウム及びクロール, カリウム, AST, ALT	99×1
							（以下　続く）	

療養の給付	保険	請　求　点		※	決　定　点	一部負担金　円
		10,988				
	①					
	②					

※高額　円　※公　点　※公　点

(60)	*ＣＲＰ	16×2
	*細菌培養同定検査（消化管）	200×1
	*検体検査管理加算（１）	40×1
	*血液学的検査判断料	125×1
	*生化学的検査（１）判断料	144×1
	*免疫学的検査判断料	144×1
	*微生物学的検査判断料	150×1
(70)	*撮影部位（単純撮影）：下腿＿；両	
	単純撮影（ロ）の写真診断 4枚	
	単純撮影（デジタル撮影） 4枚	278×1
	電子画像管理加算（単純撮影）	57×1
	*時間外緊急院内画像診断加算	
	撮影開始日時（時間外緊急院内画像診断加算）	
	； 8日13時50分	110×1

＜解説＞　伝票形式

患者氏名　　香山　愛華

保険者番号　01220011（協会けんぽ）

（問1つに対し、2つ以上マークをすると不正解となります。）

問	解　答　欄				
1	●	②	③	④	⑤
2	①	②	●	④	⑤
3	①	②	●	④	⑤
4	●	②	③	④	⑤
5	①	●	③	④	⑤
6	①	②	③	●	⑤
7	①	②	●	④	⑤
8	①	●	③	④	⑤
9	①	②	③	④	●
10	①	②	●	④	⑤
11	①	②	③	●	⑤
12	●	②	③	④	⑤
13	●	②	③	④	⑤
14	①	②	③	●	⑤
15	●	②	③	④	⑤
16	①	②	●	④	⑤
17	①	●	③	④	⑤
18	①	②	③	●	⑤
19	●	②	③	④	⑤
20	●	②	③	④	⑤

【令和 5 年 10 月 8 日】

診療区分	内　　容	点　数
基本診療料	初診料 休日加算（日曜日）	291 点 250 点
医学管理等	薬剤情報提供料 手帳記載加算	4 点 3 点
投薬料	Rp. ①ロキソニン（60）3T（10.1 円） 　　　フロモックス（100）3T（41.1 円） 　　　ムコスタ錠（100）3T（10.1 円） 　　　　　　　　合計 183.9 円× 7TD 内用調剤料 処方料 調剤技術基本料（月 1 回）	 18 点× 7 11 点 42 点 14 点
処置料	四肢ギプスシーネ（下肢） 　1,200 点× 1.8（休日）＝2,160 点	 2,160 点
手術料	骨折非観血的整復術（右腓骨） 　2,040 点× 1.8（休日）＝3,672 点	 3,672 点
検査料	時間外緊急院内検査加算（13：40） 尿一般 末梢血液一般検査 　＊血液学的検査判断料 TP、BUN、クレアチニン、γ -GT、TG、 Na 及び Cl、K、AST、ALT（9 項目） 　＊生化学的検査（Ⅰ）判断料 CRP 　＊免疫学的検査判断料 検体検査管理加算（Ⅰ）＊外来なので I で算定する B-V	200 点 26 点 21 点 125 点 99 点 144 点 16 点 144 点 40 点 40 点
画像診断	右腓骨 X-P（撮影 2 回） 左腓骨 X-P（撮影 2 回）　電子画像管理 ＊これを健側・患側比較撮影で計算する場合は 「両下腿骨 X-P（撮影 4 回）電子画像管理」と入力する 　撮影料・診断料（4 回分） 電子画像管理加算（写真診断） 時間外緊急院内画像診断加算（13：50）	 278 点 57 点 110 点
合　計		7,873 点

【令和 5 年 10 月 13 日】

診療区分	内　　容	点　数
基本診療料	再診料 ＊外来管理加算は処置があるため算定できない	75 点
投薬料	Rp. ①　do × 7TD 内用調剤料 処方料	18 × 7 11 点 42 点
処置料	四肢ギプス包帯（右下腿）	1,200 点
合　計		1,454 点

【令和 5 年 10 月 23 日】

診療区分	内　　容	点　数
基本診療料	再診料	75 点
	外来管理加算	52 点
医学管理等	薬剤情報提供料	4 点
	手帳記載加算	3 点
投薬料	Rp. ②ナウゼリン（10）1T（9.6 円）× 5 回分	1 点× 5
	③ビオフェルミン R　3T（5.9 円） クラビット (250)　3T（70.4 円） 　　　　　　　合計 228.9 円× 7TD	23 点× 7
	内用調剤料	11 点
	処方料	42 点
注射料	点滴注射（500mL 以上）	102 点
	生理食塩液 500mL1 袋（193 円） セフメタゾン 1g1 瓶（486 円）　　　合計 679 円	68 点
検査料	末梢血液一般 　＊血液学的検査判断料は算定済み	21 点
	CRP 　＊免疫学的検査判断料は算定済み	16 点
	細菌培養同定検査（糞便）	200 点
	＊微生物学的検査判断料	150 点
	B-V	40 点
合　計		950 点

【令和 5 年 10 月 24 日】

診療区分	内　　容	点　数
基本診療料	再診料	75 点
	外来管理加算	52 点
注射料	点滴注射（500mL 以上）	102 点
	生理食塩液 500mL1 袋（193 円） セフメタゾン 1g1 瓶（486 円）　　　合計 679 円	68 点
合　計		297 点

【令和 5 年 10 月 30 日】

診療区分	内　　容	点　数
基本診療料	再診料	75 点
	＊外来管理加算は処置があるため算定できない。	
医学管理等	薬剤情報提供料	4 点
	手帳記載加算	3 点
投薬料	Rp. ④リンデロン VG 軟膏 5 g × 3 本 　　　　27.7 円 /g × 15g ＝ 415.5 円	42 点× 1
	外用調剤料	8 点
	処方料	42 点
処置料	四肢ギプスシャーレ（右下肢） 　　1,200 点× 0.2 ＝ 240 点	240 点
合　計		414 点

実技問題２診療録形式（柴村　美咲）

診療報酬明細書（医科入院外）1社保　令和　5年　10月分　県番　　医コ　　| 1医科 | 1社国 | 1単独 | 6家外 |

	ー			ー	
公費①			公受①		
公費②			公受②		

保　険　**3 1 1 4 0 0 3 1**

記　号・番　号　国横・０１８７２９５（枝番）０１

氏名	シバムラ ミサキ 柴村 美咲 2女　昭和 51年 10月 19日　生	特記事項	保険医療機関の所在地及び名称	
職務上の事由				（　100 床）

傷病名	(1)（主病名）Ｂ型慢性肝炎 (2)左第２指切創	診療開始日	(1)令和 5. 8. 8 (2)令和 5.10.23	転帰	診療実日数	保 ① ②	4 日 日 日

11	初　診		回		(12)	*再診料　　　　　　　　　　　　　75 × 4
12再診	再　　　診	× 5 回	338			*再診料（同一日複数科受診時の２科目） 　２つ目の診療科（再診料）：内科　　38 × 1
	外来管理加算	× 回			(13)	*特定疾患療養管理料 　（１００床以上２００床未満）　　87 × 2
	時　間　外	× 回				*外来栄養食事指導料１（２回目以降）（対面） 　　　　　　　　　　　　　　　200 × 1
	休　　日	× 回				*薬剤情報提供料　　　　　　　　　4 × 2
	深　　夜	× 回				手帳記載加算（薬剤情報提供料）　3 × 2
13	医学管理		388		(21)	*バラクルード錠0.5mg 2錠　　　　92 × 30
14在宅	往　　診		回			*セフカペンピボキシル塩酸塩錠100mg「トーワ」3錠　8 × 5
	夜　　間		回			*調剤料（内服薬・浸煎薬・屯服薬）11 × 2
	深夜・緊急		回		(25)	*特定疾患処方管理加算（処方料）56 × 1
	在宅患者訪問診療		回			*処方料（その他）　　　　　　　42 × 2
	そ　の　他				(27)	*調基（その他）　　　　　　　　14 × 1
	薬　　剤				(32)	*静脈内注射　　　　　　　　　　37 × 1
20投薬	21 内服薬剤	35 単	2800			強力ネオミノファーゲンシーP静注20mL 1管　12 × 1
	内服調剤	11 × 2 回	22		(40)	*創傷処置（１００cm2未満）　52 × 2
	22 屯服薬剤	単				イソジン液10% 1mL
	23 外用薬剤	単				ゲンタシン軟膏0.1% 1mg 2 g　　2 × 2
	外用調剤	× 回			(50)	*手術　　23 日
	25 処　　方	× 2 回	140			創傷処理（筋肉、臓器に達する）
	26 麻　　毒	回				（長径５cm未満）　　　　　1400 × 1
	27 調　　基		14			キシロカイン注射液1% 3mL V　3 × 1
30注射	31 皮下筋肉内	回			(60)	*末梢血液一般検査　　　　　　21 × 1
	32 静　脈　内	2 回	49			*B-V　　　　　　　　　　　　40 × 1
	33 その　他	回				*CRP　　　　　　　　　　　16 × 1
40処置	処　　置	2 回	104			*TP,Tcho,ナトリウム及びクロール,
	薬　　剤		4			カリウム,BUN,クレアチニン,AST,ALT,
50手術	手術・麻酔	1 回	1400			γ-GT,TG　　　　　　　　103 × 1
	薬　　剤		3			*HBe抗原　　　　　　　　　98 × 1
60検査	検　　査	11 回	1311			*外来迅速検体検査加算 5項目　50 × 1
	薬　　剤					*超音波検査（断層撮影法）（胸腹部）
70画像	画　像　診　断	4 回	1745			超音波検査（断層撮影法）（胸腹部）：ア
	薬　　剤					消化器領域　　　　　　　　　530 × 1
80他	処　方　箋	回				*検体検査管理加算（１）　　　40 × 1
	そ　の　他					*血液学的検査判断料　　　　125 × 1
	薬　　剤					*生化学的検査（１）判断料　144 × 1
						（以下　続く）

療養の給付	保険	請　求　点	※	決　定　点	一部負担金　円
		8,318			
	①				
	②				

※高額　　　円　　※公　点　　※公　点

36

(60)	*免疫学的検査判断料	144×1
(70)	*撮影部位（ＣＴ撮影）：腹部	
	ＣＴ撮影（６４列以上マルチスライス型機器）	
	（その他）	1000×1
	電子画像管理加算（コンピューター断層診断）	
		120×1
	*コンピューター断層診断	450×1
	*画像診断管理加算２（コンピューター断層診断）	
		175×1

＜解説＞　診療録形式

患者氏名　　柴村　美咲

保険者番号　　31140031（共済組合健康保険）

【令和 5 月 10 月 3 日】

診療区分	内　　　容	点　数
基本診療料	再診料 ＊外来管理加算は超音波検査があるため算定できない	75 点
医学管理等	特定疾患療養管理料（100 床） 外来栄養食事指導料 1（2 回目以降：対面） 薬剤情報提供料 手帳記載加算	87 点 200 点 4 点 3 点
投薬料	Rp. ①バラクルード　2T（461.9 円） 　　　　　　　合計 923.8 円× 30TD 内用調剤料 処方料 特定疾患処方管理加算 2 調剤技術基本料（月 1 回）	92 点× 30 11 点 42 点 56 点 14 点
注射料	iV（静脈内注射手技料） 強力ネオミノファーゲンシー P20mL1A（122 円）	37 点 12 点
検査料	末梢血液一般検査 　＊血液学的検査判断料 CRP 　＊免疫学的検査判断料 TP、T-cho、Na·Cl、K、BUN、ｸﾚｱﾁﾆﾝ、AST、ALT γ -GT、TG（10 項目） 　＊生化学的検査（Ｉ）判断料 HBe 抗原 検体検査管理加算（Ｉ）　＊外来なのでＩで算定する B-V 外来迅速検体検査加算（5 項目） 超音波検査（断層）腹部	21 点 125 点 16 点 144 点 103 点 144 点 98 点 40 点 40 点 50 点 530 点
合　計		4,612 点

【令和5月10月23日】

診療区分	内　　容	点　数
基本診療料	再診料 ＊外来管理加算は手術があるため算定できない	75 点
医学管理等	薬剤情報提供料 手帳記載加算	4 点 3 点
投薬料	Rp. ②セフカペンピボキシル塩酸塩錠「トーワ」(100) 　　　　　　3T（27.4 円）　　合計 82.2 円× 5TD 内用調剤料 処方料	8 点× 5 11 点 42 点
手術料	創傷処理（2cm）筋肉臓器に達する 　キシロカイン注射液 1%3mLV（11.0 円 /mL） 　　11.0 円× 3mL ＝ 33.0 円 　＊イソジン液は手術のため算定できない	1,400 点 3 点
合　計		1,578 点

【令和5月10月24日】

診療区分	内　　容	点　数
基本診療料	再診料 ＊外来管理加算は処置があるため算定できない	75 点
処置料	創傷処置（1） 　イソジン液 1mL（2.42 円 /mL） 　ゲンタシン軟膏 2g（11.0 円 /g）　　合計　24.42 円	52 点 2 点
合　計		129 点

【令和5月10月26日】

診療区分	内　　容	点　数
基本診療料	再診料 ＊外来管理加算は処置があるため算定できない 複再（同日 2 科目の受診）：内科	75 点 38 点
医学管理等	特定疾患療養管理料（100 床）	87 点
処置料	創傷処置（1）do 　イソジン液 1mL（2.42 円 /mL） 　ゲンタシン軟膏 2g（11.0 円 /g）　　合計　24.42 円	52 点 2 点
画像診断	腹部 CT（64 列以上）電子画像管理 　CT 撮影（64 列以上・その他） 　電子画像管理加算 　コンピュータ断層診断 画像診断管理加算 2（コンピュータ断層）：放射線科医の読影文書	 1,000 点 120 点 450 点 175 点
合　計		1,999 点

MEMO

本問題集の内容についてのお問い合わせは

医療秘書教育全国協議会
TEL.03-5675-7077
FAX.03-5675-7078

までお願い致します。

■解説執筆者
　医療事務
　　長面川さより
　実技（オペレーション）
　　能美智子

2024年度版
医事コンピュータ技能検定問題集3級②

2024年4月30日　　初版第1刷発行

編　者　医療秘書教育全国協議会
　　　　医事コンピュータ技能検定試験委員会©
発行者　佐藤　秀
発行所　株式会社つちや書店
　　　　〒113-0023　東京都文京区向丘1-8-13
　　　　TEL 03-3816-2071　FAX 03-3816-2072
　　　　http://tsuchiyashoten.co.jp